MINE CRAFT

마인크래프트로 배우는
파이썬 입문

인기 게임 마인크래프트를 즐기면서 파이썬을 익혀보자!

주식회사 Nuco 카지마 유헤이 지음   김은철 옮김

이 책을 구입해 주셔서 감사드립니다. 책 내용에 대한 독자 여러분의 문의에 적절히 대응하기 위해 다음의 가이드라인을 참고 부탁드립니다.

▶ 질문 방법

㈜AK커뮤니케이션즈 홈페이지에서 고객센터의 1:1 문의를 이용해주십시오.

http://www.amusementkorea.co.kr/

▶ 답변에 대해서

질문의 내용에 따라서는 답변에 며칠 혹은 그 이상의 기간이 소요되는 경우가 있습니다.

▶ 질문할 때의 주의

이 책의 대상을 넘는 것, 기술 부분이 특정되지 않은 것, 또는 독자 고유의 환경에 기인하는 질문 등에는 답변을 드릴 수 없으므로 미리 양해 바랍니다.

🧊 이 책의 예제 실습 환경

이 책의 예제는 다음 환경에서 문제없이 동작하는 것을 확인하였습니다.

운영체제: 윈도우 10   포지(Forge): 1.12.2

마인크래프트: Minecraft Java Edition   Raspberry Jam Mod: 0.92

파이썬: 3.10   mcpi: 1.2.1

Thonny: 4.1.1

🧊 예제 파일 다운로드

■ 부록 데이터의 다운로드 사이트

http://www.amusementkorea.co.kr에서 상단 메뉴 중 [자료실] 선택

■ 원서 데이터의 다운로드 사이트(일본어)

https://www.shoeisha.co.jp/book/download/9784798175591/detail

캐릭터 소개

이 책에 등장하는 캐릭터를 소개하겠습니다.
함께 프로그래밍을 배워 봅시다!

마인크래프트로
파이썬을 배울 수 있을까?
기대된다~!

놀이처럼 프로그래밍을
할 수 있구나. 재미있겠다~!

마인크래프트로
파이썬이 동작하다니
놀랍다. 멍!

마이쿤

클라라짱

코로

본문 캐릭터 디자인: 이나바 타카히로(稲葉 貴洋)

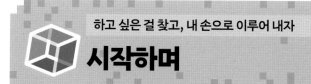

2019년이 되면서 '인공지능에게 일자리를 뺏긴다'라는 말이 당연한 것처럼 들리게 됐습니다. 자율주행 기술의 발전이 뉴스를 떠들썩하게 하고, SNS에서는 인공지능이 그린 일러스트가 확산되고 있는 요즘 세상을 보면 그 말의 신빙성은 더욱 강해지고 있는 것처럼 느껴집니다.

확실히, 근래의 컴퓨터 과학, 특히 인공지능 분야에는 눈부신 발전이 있습니다. 단순한 계산 작업뿐만 아니라 지금은 아직 사람의 손으로 하고 있는 일의 대부분이 인공지능으로 대체될 미래는 그리 멀지 않을 것입니다.

그럼, 인간의 일은 이 세상에서 사라지는 것일까요? 저는 그렇게 생각하지 않습니다.

앞으로의 사회에서는 인공지능을 잘 사용하고, 인공지능의 일을 만드는 것이 요구될 것이라 생각합니다. 절대적인 정답은 존재하지 않는 이 세계에서 공부한 것, 배운 것을 단지 따라하는 것만이 아니라 그것을 바탕으로 스스로 길을 만들 수 있는 사람이라면 직업을 빼앗길 일은 결코 없을 것입니다.

아이디어를 만들어내는 창조력, 그것을 실현하기 위한 체계적인 논리적 사고력을 어떻게 습득할지가 앞으로의 교육 현장에서는 더욱 중요해질 것입니다. 2020년부터 초등학교(*역주: 한국은 2019년부터 의무화)에서 프로그래밍 교육이 필수화된 것도 이런 배경이 있기 때문일 것입니다.

이 책은 세계적으로 인기 있는 게임 **마인크래프트(Minecraft)**로 플레이하면서 프로그래밍 언어 **파이썬**의 기초를 익히는 것을 목적으로 집필했습니다. 파이썬은 실제로 널리 퍼져 있는 언어로 특히 인공지능 분야에서는 가장 표준적인 언어라고 해도 과언이 아닙니다.

초등학교에서 배우는 내용보다는 조금 어려운 부분도 있을 수 있으나, 플레이하면서 고민하며 **생각하고 만든다**는 경험을 쌓아가길 바랍니다.

2023년 3월 어느 좋은 날

주식회사 Nuco 카지마 유헤이

목차

제0장 환경을 준비하자

제1장 파이썬을 사용해 보자

제2장 채팅으로 놀아 보자

환경을 준비하자

먼저 마인크래프트와 파이썬을 연결하기 위한 준비를 합시다. 실수로
컴퓨터를 망가뜨리지 않도록 집에 계신 어른께 물어보며 진행하세요.

학부모님에게

이 장은 마인크래프트로
프로그래밍을 학습하기 위해
사용할 컴퓨터에 준비를 하기
위한 절차입니다. 어린이와
함께 하나씩 확인하면서 준비를
진행하세요.

1 마인크래프트 자바 에디션의 설치

마인크래프트에서 프로그래밍을 하기 위한 준비를 하자

🧊 자바란?

자바(Java)는 유명한 프로그래밍 언어 중 하나로, 현재도 여러 가지 게임과 소프트웨어가 자바를 사용하여 개발되고 있습니다. 자바는 인터넷에서 무료로 설치할 수 있습니다. 자바는 소프트웨어 개발 회사 오라클이 권리를 갖고 있으며, 설치 비용은 무료이면서 합법적입니다.

마인크래프트 또한 모장(Mojang)이라는 기업이 자바를 사용하여 만든 게임입니다. 현재 마인크래프트는 모장을 사들인 마이크로소프트가 개발하고 있습니다.

마이크로소프트는 마인크래프트를 자사의 다양한 플랫폼에 심었지만 원본은 자바입니다. 파이썬 프로그래밍 언어로 마인크래프트를 조작하려면 이 자바 에디션 마인크래프트를 컴퓨터에 설치해야 합니다.

🧊 자바 다운로드

오라클 사이트(https://www.java.com/ko/download/)에서 자바를 무료로 다운로드하여 컴퓨터에 설치합니다.

Java 다운로드 버튼을 클릭해 다운로드하세요.

자바 다운로드 페이지(https://www.java.com/ko/download/)

🧊 자바 설치

다운로드한 실행 파일 **jre-8u371-windows-x64.exe**(파일명이 버전에 따라 다를 수 있습니다)를 더블클릭합니다. 오른쪽 화면과 같이 대화상자가 표시되면 **설치**를 클릭하세요. 화면의 안내에 따라 설치를 진행합니다.

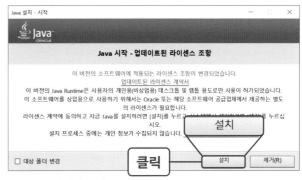

자바가 설치되었습니다.

주의

이미 자바 에디션이 아닌 마인크래프트를 구입한 경우

베드락 에디션(Bedrock Edition for PC)이나 플레이스테이션® 4/5, 닌텐도 스위치(Nintendo Switch), 엑스박스 원(Xbox One), 엑스박스 시리즈 X/S(Xbox Series X/S), iOS, 안드로이드 등 게임 기기에서는 파이썬을 사용해 작동할 수 있습니다.

이미 게임 기기용 마인크래프트를 구입한 경우, 모장 사이트에서 자바 에디션을 다시 구매해야 합니다. 또한 2022년 6월부터 자바 에디션(자바 버전)과 베드락 에디션을 동시에 구입할 수 있습니다. 또 이전에 베드락 에디션을 구입한 분은 자바 에디션을 무료로 살 수 있습니다.

🧊 마인크래프트 다운로드

자바 설치가 끝나면, 자바 버전 마인크래프트를 다운로드하여 설치합니다. 베드락 에디션이나 게임 기기용 등 자바 에디션 외의 마인크래프트를 구입한 경우는 프로그램에서 마인크래프트를 조작할 수 없으므로 주의합시다.

자바 에디션은 다른 버전과 비교해서 다음과 같은 차이점이 있으므로 다른 플레이어들과 멀티플레이로 플레이하고 싶다면 베드락 에디션을 설치하고, 스스로 커스터마이징(사용자 마음대로 설정하는 방식) 하여 플레이하고 싶다면 자바 에디션을 설치하세요.

- **자바 에디션은 자바 에디션끼리가 아니면 멀티플레이를 할 수 없다.**
- **자바 에디션은 모드(Mod)를 도입하여 커스터마이징할 수 있다.**
- **자바 에디션에서 프로그래밍을 할 수 있다.**

여기서는 프로그래밍을 배우기 위해 설치하는 것이므로 자바 에디션을 구입하여 설치합니다.

마인크래프트 이외의 소프트웨어는 전부 무료로 사용할 수 있다. 멍!

마인크래프트 공식 사이트(https://www.minecraft.net/ko-kr)에 접속하고, ① **MINECRAFT 구매하기**를 클릭하여 구입 화면으로 이동합니다.

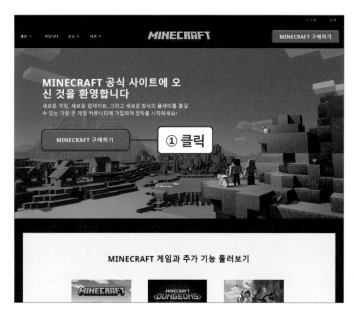

마인크래프트의 공식 사이트
(https://www.minecraft.net/ko-kr)

버전을 선택하는 화면이 나오면 ② **Minecraft**를 클릭하고 ③ **결제**를 클릭합니다.

이미 마이크로소프트 계정이 있으면 ④ **다음으로 로그인**을 클릭하세요. 계정이 없으면 **무료로 등록 하세요!**를 클릭합니다.

청구 주소를 확인하고 ⑤ **다음**을 클릭합니다.

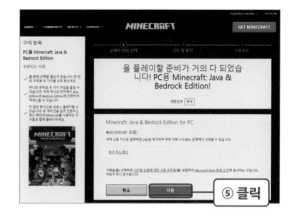

결제 방법을 선택하는 화면 ⑥이 표시됩니다. 지불 방법을 아직 등록하지 않았다면 **새 결제 방법 추가** 를 클릭합니다.

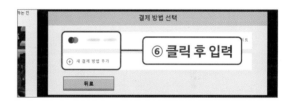

화면의 지시에 따라 신용카드 정보 등을 입력하고 ⑦ **저장**을 클릭합니다.

⑧ **구매**를 클릭합니다.

자바 에디션 다운로드

① **WINDOWS용 다운로드**를 클릭합니다.

② **MinecraftInstaller.exe**를 클릭합니다(브라우저는 크롬을 이용합니다).

③ **Microsoft 소프트웨어 라이센스 약관을 읽고
수락했습니다**에 체크하고 ④ **설치**를 클릭합니다.

⑤ **시작!**을 클릭합니다.

수고하셨습니다! 이 화면이 나오면 마인크래프트
자바 에디션이 설치된 것입니다.

여기까지 진행했으면 마인크래프트를 플레이할 수 있습니다. 가입이 완료된 계정으로 로그인하여 플레
이해 보세요.

단, 마인크래프트를 프로그램으로 조작하려면 조금 작업을 해야 합니다. 다음 페이지부터는 마인크래프
트를 조작하기 위한 프로그래밍 언어인 파이썬을 설치합니다.

2 마인크래프트에서 프로그램을 만들 준비를 하자
파이썬을 사용할 준비를 하자

🧊 파이썬이란?

파이썬은 자바와 마찬가지로 프로그래밍 언어의 한 종류입니다. 게임부터 과학 계산까지 용도가 넓고, 현재는 세상에서 널리 사용되고 있는 프로그래밍 언어 중 하나입니다.

미국의 유명한 대학인 메사추세츠 공과대학에서도 컴퓨터 과학 수업에 파이썬이 사용되고 있습니다.

모두 알고 있는 다음과 같이 유명한 서비스에서도 일부 파이썬을 사용해 개발을 하고 있습니다.

- **유튜브(YouTube)**
- **인스타그램(Instagram)**
- **핀터레스트(Pinterest)**
- **드롭박스(Dropbox)**

즉, 파이썬은 프로 엔지니어도 사용하는 정통 프로그래밍 언어이면서, 초등학생 대상의 프로그래밍 입문 강좌에서도 사용될 정도로 입문하기 쉬운 언어이기도 합니다.

파이썬을 익힘으로써 평생 도움이 되는 기술을 얻을 수 있으므로 마인크래프트를 사용하면서 파이썬을 배웁시다.

🧊 Thonny 설치

파이썬 프로그램을 만들기 위한 에디터, Thonny를 설치합니다. Thonny가 없어도 파이썬으로 마인크래프트를 조작할 수 있으나, Thonny는 프로그램 입력을 지원해 주는 기능이 풍부하므로 이 책에서는 이를 사용해서 프로그램을 만들 것입니다.

Thonny에는 파이썬을 실행하기 위해 필요한 것이 전부 포함되어 있어서 Thonny만 준비하면 됩니다. 텍스트는 영어 투성이지만 순서대로 조작하면 간단히 설치할 수 있습니다.

먼저 다음 링크의 Thonny 사이트에 들어갑니다. ① **Windows**를 클릭하고 ② **thonny-4.1.1.exe**(이 책의 번역 시점 버전)를 클릭하여 윈도우용 인스톨러를 다운로드하세요.

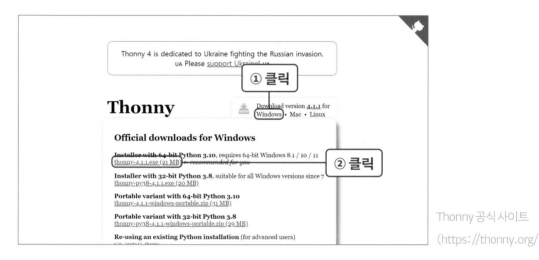

Thonny 공식 사이트
(https://thonny.org/)

다운로드가 되면 ③ **thonny-py38-4.1.1.exe**를 클릭하여 인스톨러를 실행합니다.

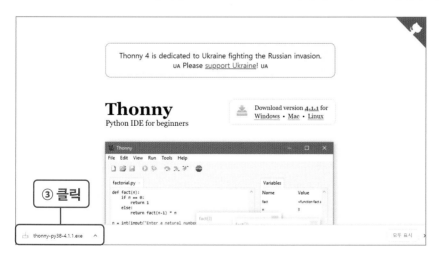

④ **Install for me only(recommended)**를 클릭
합니다.

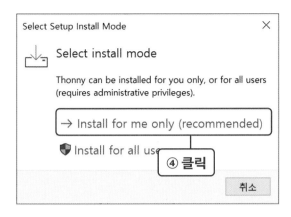

인스톨러가 실행되면 ⑤ **Next**를 클릭하세요.

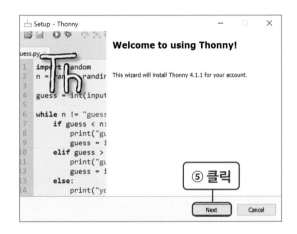

I accept the agreement가 체크된 상태에서 ⑥
Next를 클릭하세요.

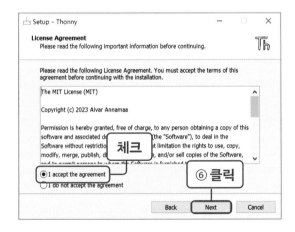

⑦ **Next**를 클릭하세요.

⑧ **Next**를 클릭하세요.

바탕화면에 아이콘을 만드는 옵션인 ⑨ **Create desktop icon**에 체크를 하고 ⑩ **Next**를 클릭하세요.

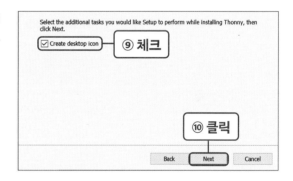

⑪ **Install**을 클릭하세요.

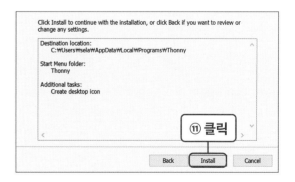

축하합니다! 설치 완료입니다! ⑫ **Finish**를 클릭하세요.

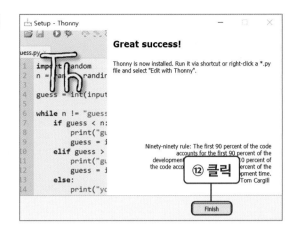

🎲 프로그램을 입력한다

Thonny를 실행하여 제대로 설치가 완료되었는지 확인합시다.

바탕화면에서 ①Thonny아이콘을 더블클릭합니다.

② **한국어**를 선택하고 ③ **Let's go!**를 클릭합니다.

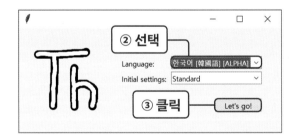

④ 사각형 아이콘이 파일 저장용의 **저장** 버튼입니다. 이것을 클릭합니다.

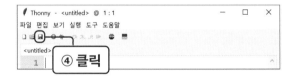

파일 저장 위치를 물어보면 바탕화면에 ⑤ **main**이라는 이름을 입력하고 ⑥ **저장**을 클릭합니다.

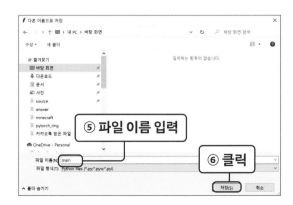

⑦ 에디터에 다음과 같이 코드를 입력합니다.

```
print('hello')
```

⑧ F5 키를 눌러 프로그램을 실행합니다.

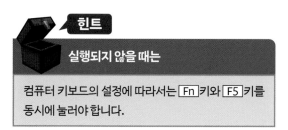

힌트

실행되지 않을 때는

컴퓨터 키보드의 설정에 따라서는 Fn 키와 F5 키를 동시에 눌러야 합니다.

실행한 결과, 에디터 아래에 **hello**라고 표시됩니다. 화면과 같이 표시되면 확인은 완료입니다.

실행이 끝나면 바탕화면에 만든 main.py는 필요 없으므로 ① 의 파일을 우클릭하고 ② **삭제**를 선택해 삭제합시다.

프로그램을 입력하고 F5 키를 누르면 프로그램을 실행할 수 있다.

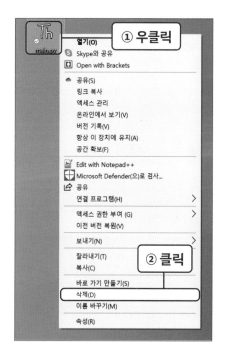

Thonny의 설치가 끝나면

Thonny의 설치가 끝났습니다. 이로써 사용하는 컴퓨터에 파이썬으로 프로그래밍할 준비가 되었습니다.

다음은 마인크래프트를 프로그램으로 조작할 수 있도록 모드(MOD)라는 확장 기능을 추가합니다.

다음 절을 해 내면 프로그래밍을 시작할 수 있습니다. 이제 다 왔습니다. 함께 힘냅시다!

3　모드를 설치하자

마인크래프트에서 프로그램을 만들 준비를 하자

🧊 모드란

지금까지 컴퓨터에서 파이썬을 사용할 수 있는 환경을 갖췄습니다.

다음은 마인크래프트에 모드(MOD)라는 프로그램을 도입하여 파이썬으로부터 마인크래프트를 조작할 수 있게 합니다.

모드는 영어의 **Modification(개조)**이라는 단어가 유래로 게임이나 프로그램에서 기능을 추가하거나 교체하기 위한 프로그램을 말합니다.

마인크래프트는 모드로 개조할 수 있고, 마음대로 개조해도 법에 어긋나지 않습니다. 마인크래프트 개발 회사가 허가하고 있으니 안심하세요.

앞으로 이 절에서는 모드를 도입하여 파이썬으로 마인크래프트를 조작할 수 있도록 마인크래프트를 개조합니다.

여기가 사전 설정의 고비이므로 잘 따라와 주세요.

🧊 포지 설치

먼저 포지(Forge)라는 기본이 되는 모드를 도입합니다. 이번은 포지 버전 1.12.2를 도입합니다.

> **주의**
>
> **예전 버전을 사용한다**
>
> 포지의 최신 버전은 1.20.1(이 책의 번역 시점 버전)인데, 바로 뒤에서 추가하는 모드(Raspberry Jam Mod)와의 호환성을 확인하기 위해서 이 책에서는 1.12.2를 사용합니다.

먼저 다음 링크에 접속하세요.

Forge1.12.2의 다운로드 페이지

```
https://files.minecraftforge.net/net/minecraftforge/forge/index_1.12.2.html
```

링크를 열면 오른쪽과 같은 페이지로 갑니다. 영어 뿐이지만 당황하지 말고 순서대로 진행합시다.

① **Installer**를 클릭합니다.

② **SKIP**을 클릭합니다.

윈도우용 인스톨러가 다운로드됩니다. 다운로드가 끝나면 화면 아래에 나타난 ③ **forge-1.12.2-14.23.5.2859-installer.jar**를 클릭합니다.

그러면 설치 대화상자가 실행됩니다.

가장 위의 **Install client**가 선택된 상태에서 ④의 **확인**을 클릭합니다.

사용자의 환경에 따라 대화상자가 바로 나오지 않는 경우가 있을 수 있습니다. 그럴 때는 다운로드 받은 forge-1.12.2-14.23.5.2859-installer.jar 파일을 우클릭하고, 메뉴에서 **연결 프로그램→Java(TM) Platform SE binary**를 선택해 보세요.

오른쪽의 대화상자가 나오면 설치는 종료입니다.
⑤ **확인**을 클릭하세요.

🧊 마인크래프트에서 설정한다

다음으로 시작 메뉴에서 ① **Minecraft Launcher**를 찾아서 실
행합니다.

② **설치 설정**을 클릭하면 조금 전 설치한 forge라는 설치 과정이 만들어져 있으므로, [⋯]를 클릭하고 ③
수정을 클릭합니다.

다음과 같이 ④ 게임 디렉터리의 **찾아보기**를 클릭
하세요.

오른쪽과 같이 폴더를 선택하는 대화상자가 표시되므로 ⑤ **Roaming**을 선택하고, ⑥ **새 폴더 만들기**를 클릭합니다.

새로운 폴더가 생겼으니 새 폴더의 이름을 ⑦ **.minecraft-forge1.12.2**로 정하고 ⑧ **확인**을 클릭합니다.

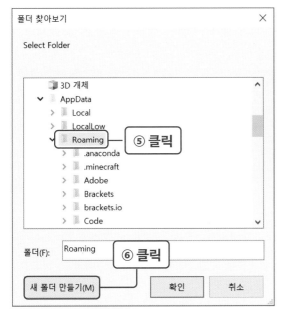

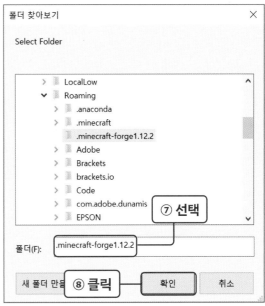

오른쪽 화면과 같이 게임 디렉터리가 **.minecraft-forge1.12.2**로 변경되어 있는 것을 확인하세요. 확인했으면 ⑨ **저장**을 클릭합니다.

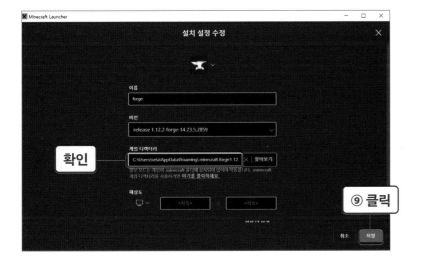

여기까지 진행했으면 이 상태에서 한 번 마인크래프트를 플레이해 봅시다.

⑩ **플레이**를 클릭하세요.

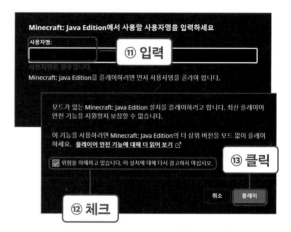

⑪ 사용자명을 입력해서 프로필을 만듭니다.

⑫ **위험을 이해하고 있습니다. 이 설치에 대해 다시 경고하지 마십시오.**에 체크하고 ⑬ **플레이**를 클릭하세요.

지금까지의 설정이 제대로 된 경우, 빨간색 네모 부분과 같이 'Powered by Forge'라고 표시되어 있을 것입니다.

제대로 설치된 것을 확인했으므로 마인크래프트를 종료합니다.

🧊 mods 폴더를 연다

다음으로 탐색기에서 로그인하고 있는 사용자의 홈으로 이동하세요.

C:\Users\[로그인 사용자명] 폴더가 홈입니다. 여기로 이동하세요.

홈으로 이동한다.

탐색기 위쪽에서 ① **보기** 탭을 클릭하고 ② **숨긴 항목**에 체크합니다.

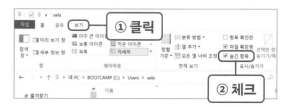

③ **AppData** 폴더를 더블클릭합니다.

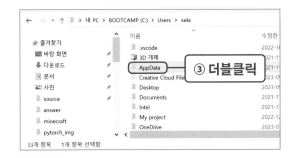

그리고 ④ **Roaming** 폴더로 이동합니다.

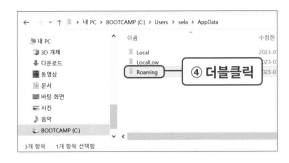

⑤ **.minecraft-forge1.12.2**로 이동합니다.

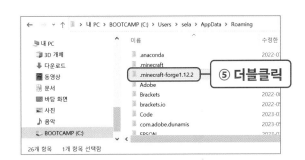

이 폴더 안에 있는 ⑥ **mods** 폴더를 엽니다.

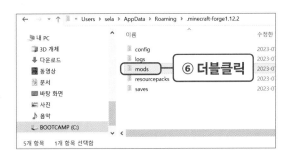

이 폴더를 이대로 열린 채로 두세요.

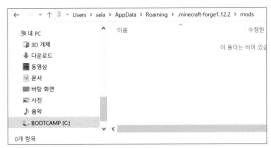

mods 폴더가 열린 채로 둔다.

Raspberry Jam Mod를 도입한다

다음으로 **Raspberry Jam Mod**라는 모드를 도입합니다. 다음의 링크에 접속하세요.

Raspberry Jam Mod의 다운로드 페이지

```
https://github.com/arpruss/raspberryjammod/releases
```

오른쪽 페이지가 표시되면 ① **mods.zip**을 클릭하여 **mods.zip**을 다운로드합니다.

다운로드가 되면 ② **mods.zip**을 클릭하여 ZIP 파일을 압축 해제합니다.

압축을 해제하면 많은 폴더가 들어 있습니다. 이 안에 있는 ③ **1.12.2** 폴더를 선택하고 더블클릭합니다.

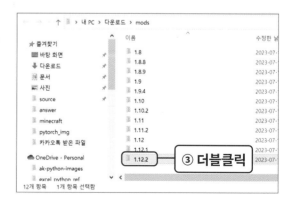

1.12.2 폴더의 안에 들어 있는 **RaspberryJamMod.jar** 파일을 조금 전 열어 둔 **mods** 폴더에 ④ 드래그&드롭합니다.

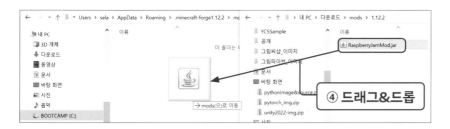

복사가 완료되면 한 번 더 마인크래프트를 플레이해 봅시다.

forge를 선택하고 ⑤ **플레이**를 클릭합니다.

플레이 화면에서 ⑥ **Mods** 메뉴를 선택합니다.

왼쪽 모드 목록(Mod List)에서 **Raspberry Jam Mod**가 있으면 모드가 제대로 설치된 것입니다.

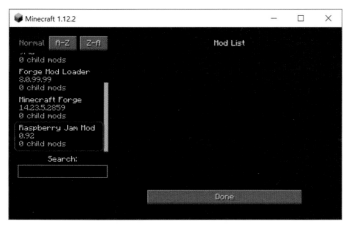

Raspberry Jam Mod가 표시되어 있는지 확인한다.

정말 수고하셨습니다. 여기까지 왔으면 거의 다 왔습니다. 끝까지 함께 해 주세요.

마인크래프트에서 프로그램을 만들 준비를 하자

4 마인크래프트를 파이썬으로 조작하자

파이썬으로 조작하기 위해서

드디어 사전 준비도 막바지입니다. 파이썬으로 마인크래프트를 조작하기 위해서 **Minecraft: Pi Edition API Python Library**, 줄여서 **mcpi**를 설치합니다.

mcpi를 설치하면 파이썬을 사용해서 프로그램에서 마인크래프트를 자유롭게 조작할 수 있게 됩니다.

mcpi 설치

시작 메뉴에서 ① **Minecraft Launcher**를 클릭하여 마인크래프트를 실행합니다.

설치 설정에서 **forge**를 선택하고 ② **플레이**를 클릭하여 시작합니다.

조금 전과 마찬가지로 플레이 화면의 메뉴에 **Powerd by Forge 14.23.5.2859**가 표시되어 있는 것을 확인하고 ③ **Singleplayer**를 클릭합니다

Forge가 표시되어 있는지 확인

④ **Create New World**를 선택하고 마인크래프트 안의 놀이 장소인 월드를 만듭시다.

이미 포지를 실행해서 월드를 만들고 있는 경우는 그것을 선택해도 됩니다.

새로 월드를 생성하는 경우는 동작을 확인하고 있는 도중에 적에게 공격당할 걱정이 없는 ⑤ Creative 모드를 선택하고, ⑥ **Create New World**를 클릭하여 생성하는 것을 추천합니다.

월드를 생성했으면 이 상태에서 일단 마인크래프트를 벗어나고(게임에서 나오려면 키보드의 esc 를 누릅니다) 바탕화면에서 ⑦ **Thonny**를 더블클릭하여 실행합니다.

⑦ 더블클릭

Thonny가 실행되면 메뉴바의 **도구**에서 ⑧ **패키지 관리**를 선택합니다.

⑨ 검색 창에 **mcpi**라고 입력하고, ⑩ **PyPi로 찾기**를 클릭합니다.

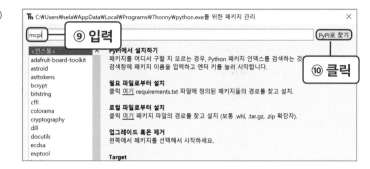

검색 결과 중에서 ⑪ **mcpi**를 클릭합니다.

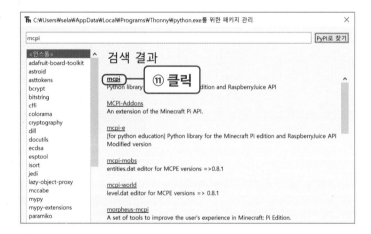

화면에 **mcpi**의 설명이 표시된 것을 확인하고 ⑫ **설치**를 클릭합니다.

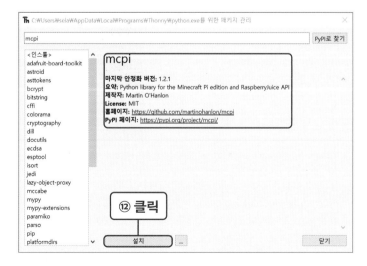

설치가 종료되면 ⑬ **닫기**를 클릭하
여 대화상자를 닫습니다.

🧊 동작 확인

대화상자를 닫고 ① **저장** 버튼을 클
릭하여 새로운 파이썬 파일을 만듭
니다.

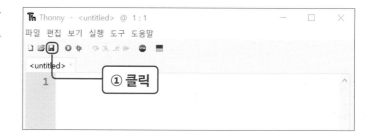

바탕화면에 ② **main.py**이라고 파
일명을 입력하고, ③ **저장**을 클릭하
여 파일을 만드세요.

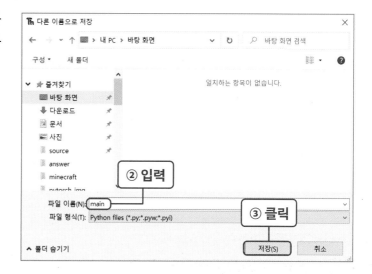

다음에 아래의 프로그램을 에디터에 다음과 같이 입력합니다.

main.py

```
from mcpi import minecraft
mc = minecraft.Minecraft.create()
mc.postToChat("Hello World")
```

④ 코드를 입력했으면 [F5] 키를 누르거나 ⑤ **실행** 버튼을 클릭합니다.

그다음 마인크래프트의 화면으로 돌아갑니다.

그러면 마인크래프트의 화면의 채팅창에 **Hello World**라고 표시되어 있습니다.

Hello World라고 표시된다.

이로써 파이썬으로 마인크래프트를 조작할 수 있게 된 것을 확인했습니다!

축하합니다!

동작 확인이 됐으면 바탕화면의 ⑥ **main.py** 파일을 우클릭하고 ⑦ **삭제**를 선택해 삭제합시다.

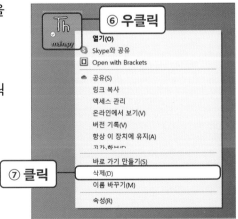

5 마인크래프트에서 파이썬을 호출하자

마인크래프트에서 파이썬 프로그램을 호출하자

드디어 최종 단계입니다. 이제 파이썬 쪽에서 마인크래프트를 조작할 수 있게 되었지만, 여기에서는 마인크래프트에서 파이썬을 호출하도록 설정합니다.

준비는 여기에서 마지막입니다. 힘내세요!

파이썬을 호출하기 위해서

마인크래프트에서 파이썬을 호출하기 위해서는 실행하고 싶은 파이썬 파일(스크립트라고 합니다)의 위치와 거기에 쓰여진 코드를 실제로 해석하여 실행하는 파이썬 본체(인터프리터라고 합니다)의 위치를 마인크래프트가 알고 있어야 합니다.

이러한 파일 및 프로그램의 **위치**는 컴퓨터 용어로 **경로(path)**라고 합니다.

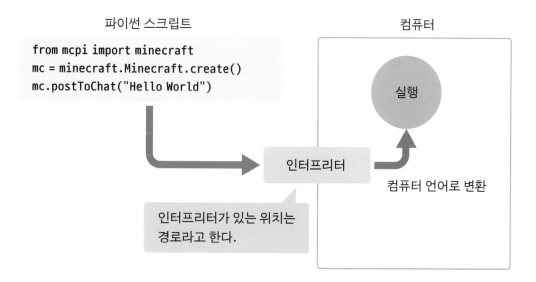

마인크래프트에서 파이썬을 호출하는 것은 조금 전 도입한 Raspberry Jam Mod의 역할입니다.

우리가 마인크래프트 안에서 파이썬을 호출하면 마인크래프트는 그 지시 내용을 Raspberry Jam Mod에게 **나머지는 맡겼다**고 전달합니다.

Raspberry Jam Mod는 마인크래프트로부터 지시를 받을 때마다, 파이썬 스크립트와 그것을 실행하는 파이썬 인터프리터를 각각의 경로(각각이 놓여 있는 위치)에서 찾아 실행한 후, 결과 데이터를 마인크래프트에 전달합니다.

그리고 마인크래프트는 그 데이터를 파악하여 블록을 만들거나 채팅 창에 써 넣습니다.

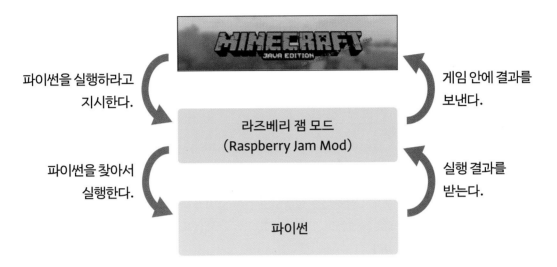

그럼 실제로 해 봅시다. 그다지 복잡하지 않으므로 안심하세요.

🟦 각각의 경로를 설정한다

먼저 파이썬으로 만드는 프로그램의 경로에 대해서 생각해 봅시다.

실은 Raspberry Jam Mod는 설정을 하지 않아도 특정 경로(위치)에 스크립트를 찾으러 가도록 되어 있습니다.

지금은 아직 그 경로가 존재하지 않으므로 만들어 둡시다. 모드를 만들 때 만든 **.minecraft-forge1.12.2** 폴더 안에 **mcpipy**라는 폴더를 만듭니다.

Thonny로 만든 파이썬 스크립트를 이 폴더의 안에 저장하게 됩니다.

그럼 만들어 보겠습니다.

먼저 탐색기에서 조금 전 만든 **.minecraft-forge1.12.2** 폴더를 열어 주세요.

폴더는 다음의 위치에 있을 것입니다.

C:\Users\[로그인 사용자명]\AppData\Roaming\.minecraft-forge1.12.2

이 폴더를 열고, ①을 우클릭하면 나타나는 메뉴에서 ② **새로 만들기** → ③ **폴더**를 선택하여 **mcpipy**라는 폴더를 만드세요.

다음 화면과 같은 상태가 될 것입니다.

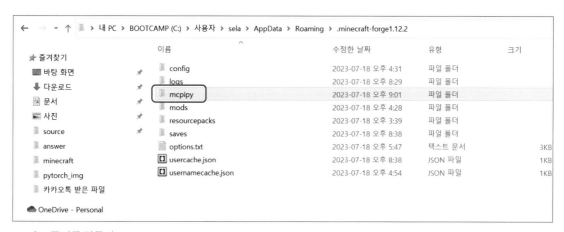

mcpipy 폴더를 만든다.

다음에 스크립트에 적혀 있는 것을 해석하여 실행하는 인터프리터의 경로에 대해서 생각해 봅시다.

설정을 바꾸지 않았다면 Raspberry Jam Mod는 윈도우에서 쓰고 있는 파이썬 인터프리터의 경로를 사용하는데, 이번은 Thonny가 갖고 있는 인터프리터를 사용하고자 그 경로를 Raspberry Jam Mod에게 알려 줍니다.

먼저 Thonny 인터프리터의 경로를 확인합시다.

Thonny를 열고, ④ **도구→옵션**을 선택합니다.

⑤ **인터프리터** 탭을 클릭하여 열면 오른쪽 화면이 표시됩니다. **세부사항의 파이썬 실행 파일**이 Thonny의 인터프리터 경로입니다.

윈도우라면 대부분 **C:\Users\[로그인 사용자명]\AppData\Local\Programs\Thonny\Python.exe**로 되어 있을 것입니다. 이 경로는 뒤에서 사용하므로 메모장 등의 에디터에 복사해 둡시다.

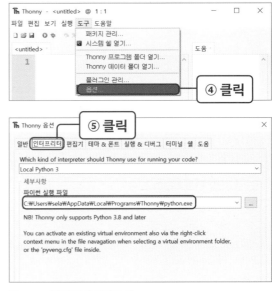

Thonny 인터프리터의 Path

그럼 이 경로를 Raspberry Jam Mod에게 알려 줍시다. 마인크래프트를 실행하여 ⑥ **Mods**를 클릭합니다.

왼쪽 목록에서 ⑦ **Raspberry Jam Mod**를 선택하고 나서 ⑧ **Config**를 클릭합니다.

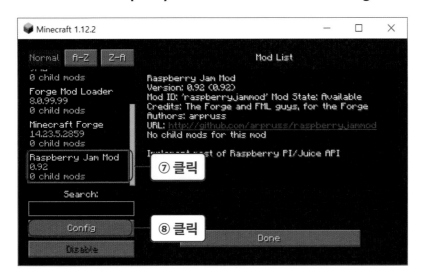

⑨ **Python Interpreter** 부분에 조금 전 메모에 복사한 Thonny 인터프리터의 경로를 붙여 넣습니다. 입력했으면 ⑩ **Done**을 클릭합니다. 이로써 설정이 끝났습니다! 축하합니다!

동작 확인을 하기 위해 마인크래프트는 그대로 둡시다.

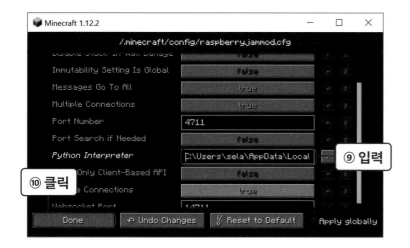

🧊 동작 확인

Thonny를 실행하고 다음 코드를 입력하세요.

test.py

```python
from mcpi import minecraft
mc = minecraft.Minecraft.create()
mc.postToChat("Hello!")
```

이것은 채팅 창에 **Hello!**라고 표시하는 코드입니다. 이 스크립트의 이름을 **test.py**로 하고 조금 전 만든 **mcpipy** 폴더에 저장합니다. 이렇게 함으로써 Raspberry Jam Mod에 우리가 만든 스크립트를 찾을 수 있게 됩니다.

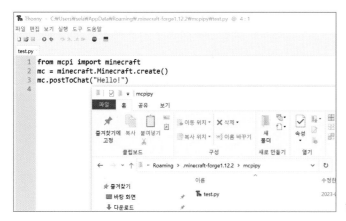

test 스크립트를 만든다.

그럼, 다시 마인크래프트의 세계로 들어갑시다.

마인크래프트를 파이썬으로 조작하자에서 이미 월드를 만들어 두었으므로 **Play Selected World**로 다시 들어갑니다. 물론 월드를 새로 만들어도 됩니다.

마인크래프트의 세계에 들어갔나요? 키보드의 / 키를 눌러 보세요. 왼쪽 아래의 채팅 창에 오른쪽 화면과 같이 될 것입니다.

/의 표시

여기에 **py test**라고 입력하고 Enter 키를 누르세요.

이것은 **이름이 test인 파이썬 스크립트를 찾아서 실행해**라는 의미입니다.

이때, 마인크래프트로부터 지시를 받은 Raspberry Jam Mod는 정해진 경로에 이름이 **test**인 스크립트를 찾습니다(조금 전 Thonny를 사용해서 만들고 저장한 파일입니다).

그리고 Raspberry Jam Mod가 지정한 경로에 있는 인터프리터(파이썬 본체)를 사용해서 이 스크립트를 실행합니다.

py test의 표시

제대로 호출되면, 조금 전 입력한 'Hello!'가 표시될 것입니다.

이로써 자신이 만든 파이썬 스크립트를 마법의 주문으로 마인크래프트 세계에서 사용할 준비가 되었습니다!

파이썬 호출 성공!

힌트

오류가 나온다면

만약 **Script NOT Found**라고 표시된다면 스크립트의 경로에 실수가 있는 것이고, **[ERR] Python**이라고 표시된다면 인터프리터의 경로에 실수가 있을 수 있습니다. 위의 절차대로 다시 해 봅시다.

제 1 장

파이썬을 사용해 보자

먼저 파이썬으로 마인크래프트를 조작하는 기본적인 방법을 체험합시다.
파이썬에서 보낸 메시지를 마인크래프트 채팅 화면에 표시합니다.

학부모님에게

이 장에서는 프로그램의 실행
방법을 설명합니다. 앞으로도
여러 번 반복하는 것이므로
진행하면서 막힐 때는 여기로
돌아와 주세요.

파이썬으로 무엇을 할 수 있을까?

1 파이썬으로 할 수 있는 것

프로그래밍 언어 **파이썬**을 사용하면 마인크래프트를 즐기는 방식이 훨씬 넓어집니다.

거대한 성을 순식간에 세우거나, TNT 블록을 던지거나, 자동으로 움직이는 탈것을 만들거나……. 다음 화면과 같이 피라미드와 캐릭터 그림을 만들 수도 있습니다.

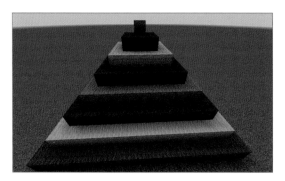
블록으로 만든 피라미드

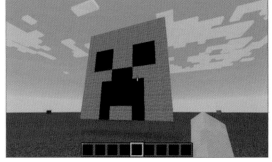
블록으로 만든 크리퍼 그림

마인크래프트 내의 명령어로도 여러 가지를 할 수 있으나 이처럼 **복잡한 건물을 순식간에 만들거나 물건을 계속 움직이거나** 할 수는 없습니다.

파이썬을 공부해서 이러한 작품도 만들어 봅시다.

우와, 이런 것도 만들 수 있구나.

파이썬 대단하다!

🔷 프로그래밍이란

마인크래프트를 좋아하는 분은 직접 명령어를 입력해서 텔레포트하거나 게임 내의 시간을 바꾸거나 해서 플레이하고 있을 수도 있습니다.

여러분이 명령어를 입력했을 때, 컴퓨터가 그 명령을 받아 그 명령대로 플레이어의 위치를 순식간에 움직이거나 시계의 시간을 변경하거나 합니다.

컴퓨터의 일은 인간의 명령을 듣고 그대로 실행하는 것입니다.

이처럼 컴퓨터에게 내리는 명령을 합친 **예정표**를 **프로그램**이라고 합니다.

```
───── 프로그램 ─────

1번째 단의 블록을 나열한다.
2번째 단의 블록을 나열한다.
3번째 단의 블록을 나열한다.
4번째 단의 블록을 나열한다.
5번째 단의 블록을 나열한다.
6번째 단의 블록을 나열한다.
7번째 단의 블록을 나열한다.
```

컴퓨터가 무엇을 하는지 예정표에 적어 둔다. 멍!

몇 가지 명령을 프로그램(예정표)에 합쳐서 그것을 한 번에 넘겨주는 것으로, 컴퓨터는 거기에 적힌 명령을 단숨에 실행해 줍니다.

이 컴퓨터로의 명령을 합친 프로그램을 만드는 것을 프로그래밍이라고 합니다.

컴퓨터와 프로그램은 여러분의 생활 모든 곳에 활용되고 있습니다.

여러분이 평소에 플레이하고 있는 마인크래프트에도

- W키가 눌리면 앞으로 나아간다.
- 시간이 경과하면 해가 지고 밤이 된다.
- 크리퍼에게 몇 번 공격을 하면 쓰러진다.

와 같은 장치가 있는데, 이것도 마이크래프트 게임 안에서 그렇게 하도록 명령이 쓰여진 프로그램이 있고 컴퓨터가 그대로 실행하고 있는 것입니다.

그러므로 프로그래밍을 공부하면 마인크래프트 안에서 여러 가지를 할 수 있을 뿐만 아니라 마인크래프트와 같은 게임을 스스로 만들 수도 있습니다.

🎁 파이썬이란

파이썬이란 프로그래밍 언어 중 하나입니다.

프로그래밍 언어란 무엇일까요.

인간은 언어를 사용하여 사람과 이야기를 합니다. 우리 한국인이 평소 사용하는 말이나 그 사용 방법이 합쳐진 것이 **한국어**라는 **언어**입니다.

여러분도 잘 알다시피 세계에는 **영어**나 **일본어** 등 한국어 이외의 **언어**도 많이 있습니다.

모두 각각의 언어를 사용해서 사람과 의사소통을 하고 있는 것입니다.

인간이 사용하는 **언어**가 있듯이 컴퓨터에도 **언어**가 있습니다.

컴퓨터에게 일을 시키려면 컴퓨터가 이해하는 **언어**로 명령해야 합니다.

이 컴퓨터에 대한 명령을 만드는 프로그래밍을 할 때 사용하는 언어를 **프로그래밍 언어**라고 합니다.

이번에 공부하는 파이썬도 그러한 프로그래밍 언어 중 하나입니다.

여러분은 자신의 컴퓨터에 파이썬을 설치하고 앞으로 공부를 하게 됩니다.

힌트

프로그래밍 언어의 친구

인간이 사용하는 많은 종류의 언어가 있듯이 프로그래밍 언어에도 **자바**나 **루비**와 같은 많은 친구가 있습니다.

한국어와 영어가 다르듯이 파이썬과 다른 프로그래밍 언어도 코드를 쓰는 방법이 전혀 다릅니다.

그러나 한국인이라도 공부하면 영어를 알게 되듯이 컴퓨터도 읽는 방법을 알려 주면 여러 프로그래밍 언어를 알 수 있습니다.

이러한 컴퓨터에게 프로그래밍 언어를 알려 주는 것을 **설치**라고 합니다.

2 파이썬 쉘을 사용하자

파이썬으로 명령을 내려보자

우선은 파이썬으로 컴퓨터에게 간단한 명령을 내리는 연습을 해봅시다. 먼저 Thonny를 열어 보세요.

힌트

Thonny

Thonny는 파이썬을 사용하기 위한 IDE(통합 개발 환경)라는 도구 중 하나입니다. 다만, 지금은 IDE에 대해서 자세히 알 필요는 없습니다. 파이썬 프로그램을 만들고, 그것을 실행(컴퓨터에게 명령)하는 일을 간단히 할 수 있는 편리한 도구라고 생각하면 됩니다.

Thonny 화면은 몇 개의 흰색 블록으로 나뉘어져 있습니다. 아랫쪽에 **쉘**이라고 쓰여진 테두리가 있는 것을 알겠나요?

빨간색으로 둘러싼 부분이 쉘이네!

쉘은 컴퓨터에게 문자로 명령을 내리기 위한 부분입니다.

여러분은 평소에 **마우스로 파일을 더블클릭해서 연다**와 같은 조작을 하고 있을 것입니다. 파일을 더블클릭하면 마우스를 통해서 컴퓨터에게 **파일을 연다**라는 명령이 전해져 파일이 열립니다.

쉘에서도 마찬가지로 **파일을 연다** 등의 조작을 할 수 있는데 쉘에서는 마우스가 아닌 문자로 컴퓨터에게 명령을 전합니다.

Thonny 쉘은 파이썬에서 명령을 내리므로 파이썬 쉘이라고도 합니다.

가장 아래 줄에 >>>라고 표시되어 있습니다.

```
>>>
```

이 기호는 **프롬프트**라고 하며, 컴퓨터가 우리가 명령을 내리기를 기다리고 있다고 알려 줍니다.

기다리고 있는 것 같아서 바로 파이썬으로 컴퓨터에게 말해 봅시다.

프롬프트의 뒤에 이어서 아래와 같이 입력하고 나서 Enter 키를 눌러보세요.

```
>>> print("안녕하세요")
```

입력한 문자의 아래에

```
안녕하세요
```

라고 표시되었나요?

문제없이 **안녕하세요**라고 표시되면 첫 프로그램은 성공입니다.

print는 컴퓨터에게 **( ) 안의 말을 이야기해(표시해)**라고 부탁하는 명령입니다.

표시하고 싶은 말은 " "나 ' '로 감싸 줘야 합니다. 각각 **더블 쿼테이션, 싱글 쿼테이션**이라고 합니다. 이 약속을 지키면 컴퓨터에게 내가 좋아하는 말을 해 달라고 할 수 있습니다.

3 파이썬 파일을 만들자

파이썬으로 명령을 내려보자

이로써 파이썬을 사용하게 되었습니다.

그러나 이대로는 **명령을 1개 내리고, 컴퓨터가 그것을 1개 실행한다** 밖에는 할 수 없습니다.

프로그램은 몇 개의 명령을 합친 예정표입니다. 컴퓨터에 합쳐서 실행하는 예정표를 파이썬 파일이라는 형식으로 만들어 봅시다.

Thonny 화면 왼쪽 위에 다음과 같은 파일을 새롭게 만드는 **새 파일** 버튼이 있으므로 클릭해 봅시다.

파일을 새로 만들기

새로운 파일을 만들었으면 일단은 저장해 봅시다.

Thonny 화면의 위쪽에 **저장** 버튼이 있으므로 클릭합니다.

파일을 저장

저장하는 위치는 단지 파이썬 파일을 만들 뿐이라면 어디든 상관없지만, 이번은 나중에 마인크래프트에서 사용할 것도 생각해서 특별한 위치에 저장합니다.

마인크래프트에서 월드를 만들었을 때에 생기는 **.minecraft-forge1.12.2** 폴더 내의 **mcpipy** 폴더에 저장하세요.

저장하는 파일명은 **hello_3_1.py**로 합시다.

파일명을 입력

저장했으면 바로 프로그램을 만들어 봅시다.

다음과 같이 써넣으세요(hello_3_1.py).

hello_3_1.py

```
print("Hello!")


print("Nice to meet you.")
```

써 넣었으면 다시 한번 **저장** 버튼을 클릭해 둡시다.

저장했으면 Thonny의 **현재 스크립트 실행** 버튼을 클릭하여 프로그램을 동작해 봅시다.

hello_3_1.py *
```
1  print("Hello!")
2
3  print("Nice to meet you.")
```

프로그램을 실행

다음과 같은 결과가 파이썬 쉘에 표시되면 성공입니다.

```
Hello!
Nice to meet you.
```

이로써 파이썬 프로그램을 동작할 수 있었습니다.

4 채팅 메시지를 보내자

파이썬으로 명령을 내려보자

🧊 명령어로 파이썬 프로그램을 동작한다

드디어 마인크래프트에서 파이썬을 사용해 봅시다.

조금 전 만든 **hello_3_1.py**의 내용을 일단 전부 지웁니다.

이 파일에 마인크래프트에서 사용할 수 있는 프로그램을 만듭니다.

다음과 같이 적고, 메뉴바에서 **파일→...으(로) 저장**을 선택한 다음, **hello_4_1.py**라고 저장하세요.

hello_4_1.py

```
import mcpi.minecraft as minecraft

mc = minecraft.Minecraft.create()

mc.postToChat("Hello!")
```

이 프로그램의 의미는 나중에 설명하기로 하고 우선은 이것을 마인크래프트에서 사용해 봅시다.

마인크래프트 화면에서 ⁄ 키를 누르면 명령어를 입력할 수 있는 창이 나옵니다.

그것에 이어서 다음과 같이 입력해 보세요.

```
/py hello_4_1
```

파이썬 명령어로 hello_4_1.py를 실행

이것이 hello_4_1.py를 실행하라는 뜻이구나.

입력했으면 Enter 키를 눌러 봅시다.

다음과 같은 화면이 나오면 성공입니다.

실행 결과

이로써 첫 마인크래프트로부터 파이썬 프로그램을 작동할 수 있었습니다!

앞으로 만드는 프로그램도 이 과정대로 저장하고 실행합니다.

프로그램의 해설

그럼, 조금 전 만든 프로그램을 1번째 행부터 설명하겠습니다.

```
import mcpi.minecraft as minecraft
```

여기에서는 **지금부터 이 프로그램에서 마인크래프트를 사용하자**라고 선언하고, 마인크래프트를 사용하기 위해서 **minecraft**라는 도구 상자와 같은 것을 준비하고 있습니다.

다음 행에서 파이썬 프로그램과 마인크래프트의 세계를 연결합니다.

```
mc = minecraft.Minecraft.create()
```

 힌트

이 영어 단어는 뭘까?

create는 영어로 **만들어 내다**라는 의미입니다. 마인크래프트와의 **연결**을 만들어 내고 있다고 기억해 두세요.

여기까지의 2행 코드는 마인크래프트에서 파이썬을 사용할 때 항상 적는 것이므로 기억해 둡시다.

마지막으로 이 프로그램에서 하고 싶었던 것, 채팅 창에 메시지를 보내는 명령을 만듭니다.

```
mc.postToChat("Hello!")
```

mc는 이전 행에서 만든 마인크래프트와의 **연결**을 나타내고 있습니다.

이 mc를 통해서 마인크래프트에서 다양한 프로그램을 실행할 수 있습니다.

이번은 mc.postToChat(채팅에 보낸다)라는 명령을 실행합니다.

이처럼 컴퓨터에게 원하는 작업을 지정하는 명령을 파이썬에서는 **메서드**라고 합니다.

mc.postToChat 메서드는 ( ) 안에 말을 보내서 채팅 창에 표시해 주는 메서드입니다.

채팅에 보내는 말은 쉘을 사용할 때와 마찬가지로 " "나 ' '로 감싸줘야 합니다. 각각 **더블 쿼테이션, 싱글 쿼테이션**이라고 했습니다.

더블 쿼테이션으로 감싼다!
기억해 두자!

5 연습 문제

배운 것을 확인하자

① 프로그램과 프로그래밍

1. 프로그램이란 어떤 것일까요? 설명해 봅시다.

2. 프로그래밍이란 어떤 것일까요? 설명해 봅시다.

② 프로그래밍 언어와 파이썬

1. 프로그래밍 언어란 어떤 것일까요? 설명해 봅시다.

2. 마인크래프트에서 파이썬을 사용하면 어떤 것을 할 수 있게 될까요?

③ 쉘과 파이썬 파일

1. 쉘이란 어떤 기능입니까? 설명해 봅시다.

2. 파이썬에서 **제 이름은 〇〇(자신의 이름)입니다.**라고 표시해 봅시다(Thonny의 파이썬 쉘을 사용하세요).

④ 마인크래프트에서 파이썬 프로그램을 사용하자

1. **introduce.py**라는 파이썬 파일을 만들고 저장해 봅시다.

2. **introduce.py** 안에 다음을 처리하는 파이썬 프로그램을 만들고, 저장해 봅시다.

> 제 이름은 〇〇입니다(자신의 이름을 로마자로 적는다).
>
> 라고 채팅 창에 표시한다.

3. 마인크래프트에서 저장한 introduce.py를 표시해 봅시다.

제 2 장

채팅으로 놀아 보자

마인크래프트의 채팅 화면을 사용해서 자유롭게 문자를 표시하거나
계산합시다! 계산은 블록을 쌓기 위해서도 필요합니다.

학부모님에게

숫자와 문자열의 차이 및 계산
방법 등을 설명합니다. 조금
복잡한 내용이므로 보조해
주세요.

1 채팅 창에 숫자를 표시하자

앞 장에서는 파이썬을 사용해서 채팅 창에 **Hello!**라고 메시지를 보냈습니다. 이 장에서는 채팅 창에 더욱 다양한 메시지를 보내 봅시다.

우선은 **mcpipy** 폴더 안에 **chat_1_1.py**라는 이름의 파이썬 파일을 만들어 저장해 봅시다.

파일을 저장했으면 그 안에 프로그램을 만듭니다. 프로그램의 첫 부분에는 먼저 다음 2행부터 적었지요?

chat_1_1.py

```
import mcpi.minecraft as minecraft

mc = minecraft.Minecraft.create()
```

그럼 이어서 다음과 같이 입력해 보세요.

chat_1_1.py

```
mc.postToChat('100')

mc.postToChat(100)
```

앞 장에서 채팅 창에 보내는 말은 " "나 ' '로 감싸 줘야 한다고 설명했는데, 위의 입력에서는 아래 행의 ( ) 의 안에 그대로 **100**이라고 적고 있습니다.

그러나 프로그램을 실행하면 정확히 같은 결과가 나옵니다. 마인크래프트 화면에서 다음과 같이 입력해 보세요.

```
/py chat_1_1
```

결과는 다음과 같을 것입니다.

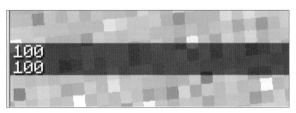

100이 출력되었다.

그런데, **100**이 아니라 **' '**로 감싸지 않고 **Hello**를 입력하여, 파일 이름을 **chat_1_2.py**로 저장하고, 마인 크래프트에서 **/py chat_1_2**를 실행하면 이번에는 제대로 되지 않습니다.

chat_1_2.py

왜 이런 일이 생길까요? 다음 절에서 설명합니다.

2 숫자와 문자열

채팅 프로그램을 만들자

🧊 '100'과 100의 차이

조금 전의 프로그램에서 mc.postToChat 메서드 뒤에 괄호로 감싸 적은 **'100'**이나 100, **'Hello!'** 등은 프로그램이 다루는 **정보**입니다. 컴퓨터가 다루는 정보는 데이터라고도 부릅니다.

데이터에는 **100**과 같은 **숫자**, **'Hello!'**와 같은 **문자열**이라고 하는 여러 종류가 있으며, 숫자나 문자열 등의 종류를 **데이터형(자료형)**이라고 합니다.

처음에 만든 프로그램에서는 **'Hello!'**라는 문자열을 적었습니다. 문자열 데이터는 **" "**나 **' '**로 감싸야 합니다. 반대로 말하면 이것들로 감싸 줌으로써 **이 데이터는 문자열입니다**라고 컴퓨터에게 알려 주는 것입니다.

한편, 숫자 데이터는 문자열처럼 감싸지 않아도 됩니다. 감싸지 않음으로써 **이 데이터는 숫자입니다**라고 알려 주는 것이라고도 말할 수 있습니다.

조금 전의 예에서 보면 **'100'**이나 **'Hello'**는 문자열, **100**은 숫자입니다.

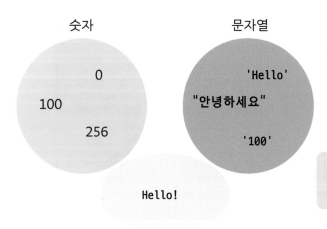

숫자

0
100
256

문자열

'Hello'
"안녕하세요"
'100'

Hello!

어느 쪽도 아닌가···?

숫자와 문자열 둘 다 아닌 것이 있다.

숫자도 문자열도 아니면 오류가 난다?

그럼 **Hello!**는 어떨까요? 이것은 ' '로 감싸지 않아서 문자열이 아닙니다. 그럼 숫자인가 하면 알파벳이 사용되고 있기 때문에 숫자도 아닙니다.

즉, **Hello!**는 문자열도 숫자도 아닌 컴퓨터가 읽을 수 없는 데이터이기 때문에 컴퓨터는 오류를 낸 것입니다.

📦 계산 결과를 표시해 보자

컴퓨터는 숫자를 사용한 계산을 잘하는데, 파이썬으로도 덧셈이나 뺄셈을 할 수 있습니다. 다음은 마인크래프트의 채팅 창에 계산 결과를 표시해 봅시다.

chat_1_1.py의 마지막 2행을 다음과 같이 바꿔서 **chat_2_1.py**라는 이름으로 변경하여 저장하고 실행해 봅시다.

chat_2_1.py

```
mc.postToChat(1 + 1)

mc.postToChat(100 - 20)
```

결과는 다음과 같습니다.

계산 결과가 출력된다.

제대로 덧셈과 뺄셈이 되었습니다.

다음으로, 다음 프로그램과 같이 하면 어떻게 될까요?.

chat_2_2.py

```
mc.postToChat(1 + 1)

mc.postToChat('1 + 1')
```

결과는 다음과 같습니다. 확인해 봅시다.

2와 1 + 1이 출력된다

위의 행에서는 **1 + 1**의 계산 결과를 표시하고 있는데, 아래 행에서는 **'1 + 1'**이라는 문자를 그대로 문자로서 표시하고 있습니다. 이것이 숫자와 문자열의 차이입니다.

덧붙어서 말하면 숫자와 문자열을 더할 수 없습니다. 아래의 프로그램에서는 오류가 납니다(chat_2_3.py).

chat_2_3.py

```
mc.postToChat(1 + '1')
```

그러나 문자열과 문자열은 덧셈으로 붙일 수 있습니다(chat_2_4.py).

chat_2_4.py

```
mc.postToChat('1' + '1')
```

```
11
```

11이 출력된다.

같은 **1 + 1**로 보여도 다음 3개는 모두 결과가 다른 것에 주의합시다(chat_2_5.py).

chat_2_5.py

```
mc.postToChat(1 + 1)
mc.postToChat('1 + 1')
mc.postToChat('1' + '1')
```

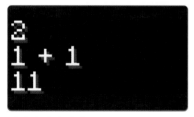

각각의 계산 결과

모두 다 달라. 멍!

3 변수를 사용해 보자

채팅 프로그램을 만들자

숫자나 문자열 데이터는 변수라는 그릇에 보관할 수 있습니다. 이 그릇의 사용법을 살펴봅시다.

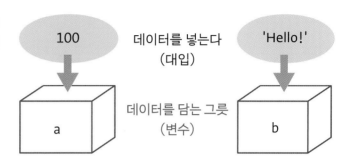

이번은 chat_1_1.py를 다음과 같이 바꿔 써 봅시다(chat_3_1.py).

chat_3_1.py

```
import mcpi.minecraft as minecraft

mc = minecraft.Minecraft.create()

a = 100
b = 'Hello!'

mc.postToChat(a)
mc.postToChat(b)
```

프로그램의 실행 결과

mc.postToChat(a)의 ( ) 안은 **a**인데 실행 결과에 **100**이라고 표시되었습니다. 이 **a**가 변수입니다. **a = 100**은 **a**라는 그릇 안에 **100**이라는 숫자를 넣는다는 뜻입니다.

이 행에서 **a**의 안에 **100**을 넣은 다음이라서 mc.postToChat(a)에서 **a**를 메시지로 보내면 그 안에 있는 **100**이 채팅 창에 표시됩니다.

b에 대해서도 같습니다. **b** 그릇에 들어 있는 **hello!**가 창에 표시됩니다.

이 **a = 100**과 **b = 'Hello!'**와 같이 변수에 어떤 값을 넣는 것을 **대입**이라고 합니다.

여기에서는 변수 **a**와 **b**를 만들었는데 변수의 이름은 자유롭게 정할 수 있습니다. **abc**나 **byunsu**도 괜찮습니다.

4 변수를 사용해서 계산해 보자

변수에 숫자를 대입하면 변수 그대로 덧셈과 뺄셈을 할 수 있습니다.

chat_3_1.py의 내용을 다음과 같이 바꿔 써 봅시다(chat_4_1.py).

chat_4_1.py

```
import mcpi.minecraft as minecraft

mc = minecraft.Minecraft.create()


a = 100
b = 20


mc.postToChat(a + b)
mc.postToChat(a - b)
```

결과는 다음과 같습니다.

```
120
80
```

변수를 사용해서 계산 결과를 출력

숫자를 넣은 변수는
숫자 대신에 사용할 수
있다는 말이네.

a + b와 **a – b**에 대해 각각 **100 + 20**과 **100 – 20**이라는 계산 결과가 나왔습니다.

또한, 변수에는 다음과 같이 계산의 답을 대입할 수도 있습니다(chat_4_2.py).

chat_4_2.py

```
import mcpi.minecraft as minecraft

mc = minecraft.Minecraft.create()

a = 1 + 1
b = 'I am ' + 'Prosense.'

mc.postToChat(a)
mc.postToChat(b)
```

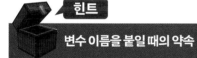

계산 결과를 변수에 대입

프로그래밍 공부에서는 이 변수를 잘 사용하는 것이 중요합니다. 확실히 알아 둡시다.

힌트

변수 이름을 붙일 때의 약속

숫자를 그대로 변수로 할 수는 없습니다. 변수의 이름을 **100**이나 **1**처럼 숫자만으로 지을 수 없습니다. 그러나 **byunsu1**과 같이 문자와 숫자를 조합할 수는 있습니다.

프로그래밍을 할 때의 약속이라고 기억해 둡시다.

5 연습 문제

배운 것을 확인하자

① **다음 데이터가 숫자인지, 문자열인지, 그 어느 쪽도 아닌지 생각해 봅시다.**

- 16
- 'KOREA'
- SEOUL
- '1024'
- 01010

② **다음 3행의 프로그램은 모두 다른 결과가 나옵니다. 그 이유를 생각해 봅시다.**

```
mc.postToChat(20 + 20)
mc.postToChat('20 + 20')
mc.postToChat('20' + '20')
```

③ **mcpipy 폴더 안에 chat2.py라는 이름의 파일을 만들고, 다음 작업을 처리하는 파이썬 프로그램을 만듭시다.**

- 1 + 1이라고 표시한다.
- is라고 표시한다.
- **1과 1을 더한 수**를 표시한다.

mcpipy 폴더 안에 chat3.py라는 이름의 파일을 만들고 다음 작업을 처리하는 파이썬 프로그램을 만듭시다.

- 변수 x를 만들고 256을 대입한다.
- 변수 y를 만들고 256을 대입한다.
- 변수 z를 만들고 x와 y를 더한 결과를 대입한다.
- z에 들어 있는 값을 채팅 창에 표시한다.

제 3 장

블록을 설치해 보자

그러면 드디어 블록을 설치해 봅시다.
블록의 위치는 좌표로 지정합니다.

학부모님에게

좌표는 학교에서 배우는
그래프 등에서도 사용되는
지식입니다. 3차원 공간에서
위치를 상상하는 것은 공간
파악 능력을 키우는 훈련이
됩니다.

1 돌 블록을 설치해 보자

블록을 설치하는 프로그램을 만들자

여기에서는 파이썬 프로그램을 사용하여 채팅뿐만 아니라 마인크래프트의 세계에 다양한 조작을 해 봅시다. 먼저 자신이 있는 곳 옆에 블록을 설치하는 프로그램을 만듭니다.

mcpipy 폴더 안에 **block_1_1.py**라는 파일을 만듭시다.

이미 같은 이름의 파일이 있다면 다른 이름으로 해도 됩니다. 로마자(영문)과 숫자를 사용하여 마지막 부분(**확장자**라고 합니다)이 **.py**로 끝나는 이름이면 됩니다.

우선은 파이썬 파일에서 마인크래프트를 사용할 수 있게 합니다.

block_1_1.py

```
import mcpi.minecraft as minecraft

mc = minecraft.Minecraft.create()
```

이어서 다음과 같이 적고, 파일을 저장하세요.

block_1_1.py

```
x, y, z = mc.player.getPos()

mc.setBlock(x + 1, y, z + 1, 1)
```

이 프로그램의 의미는 뒤에서 설명합니다. 블록이 놓인 느낌이 잘 보이도록 여기에서는 마인크래프트 쪽에서 F5 키를 눌러 3인칭 상태로 합니다.

그리고 프로그램을 실행하면 플레이어 옆에 돌 블록이 만들어집니다.

돌 블록이 출현했다!

2 플레이어의 위치와 좌표

블록을 설치하는 프로그램을 만들자

위치를 나타내는 3개의 좌표

장기나 체스의 말 위치를 **세로 2번째, 가로 4번째**라고 나타내는 것과 같이 마인크래프트의 플레이어나
블록 등의 위치는 **좌표**라는 형태로 나타냅니다.

마인크래프트에서 F3 키를 누르면 많은 정보가 나옵니다.

우와,
많이 나왔네.

그중에 이러한 표시가 있습니다.

```
XYZ: 452.000 / 4.00000 / -707.000
Block: 452 4 -707
```

플레이어의 좌표를 본다.

이 중에서 다음 부분이 플레이어의 좌표입니다.

```
XYZ: 452.000 / 4.00000 / -707.000
```

좌표란 **어디에 있는가**를 나타내는 숫자와 그 조합을 말합니다.

위 이미지의 경우는 **x 좌표가 452, y 좌표가 4, z 좌표가 -707의 장소에 서 있어요**라는 의미입니다.

다음 그림은 마인크래프트의 x, y, z라는 세 가지의 방향을 나타내고 있습니다.

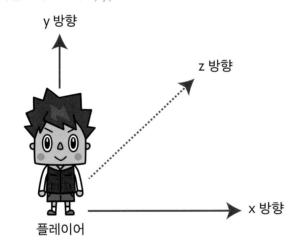

3차원의 XYZ 좌표계

지도를 보고 집에서 학교까지 가는 길을 설명할 때 걷고 있는 방향을 북쪽이나 동쪽 같은 말로 나타내는데 요. 마인크래프트에서는 방향을 x 방향, y 방향, z 방향이라는 세 가지로 나타냅니다.

좌표는 원점으로부터의 거리

마인크래프트의 월드에는 원점이라는 월드의 중심 지점이 있고, 세 가지 좌표는 원점으로부터 각 방향의 거리를 나타냅니다.

- x 좌표는 원점으로부터의 동서 거리
- z 좌표는 원점으로부터의 남북 거리
- y 좌표는 원점으로부터의 높이

즉, 중심인 **원점의 좌표**는 (0/0/0)입니다. x, y, z 모두가 0인 것이네요.

좌표는 /이 아닌 ,로 구분해서 (0, 0, 0)이라는 형태로 나타내기도 합니다.

x 좌표가 452이면 **0의 위치(중심)에서 x 방향으로 452만큼 나아간 곳에 있다**를 의미합니다.

z 좌표가 −707이면 **z 방향의 반대 방향으로 707만큼 나아간다**로 바꿔 읽읍시다.

즉, 좌표 **XYZ: 452.000 / 4.00000 / −707.000**는 원점(월드의 중심)에서

- x 방향으로 452만큼 진행
- z 방향의 반대 방향으로 707만큼 진행
- 높이가 4

의 지점을 나타냅니다.

또한,

```
Block: 452 4 -707
```

은 플레이어가 서 있는 블록의 좌표입니다.

서 있는 블록이라고 해도 블록의 한 가운데에 서 있는 것은 아닙니다.

이 예시에서 플레이어는 블록의 남서단에 서 있습니다. 마인크래프트에서는 블록의 좌표는 그 블록의 남서단의 좌표를 말합니다.

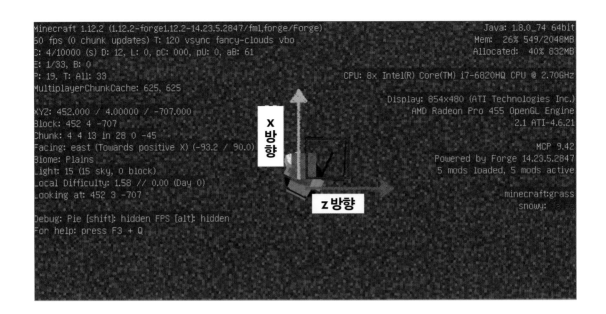

블록을 설치하기 위해서는 설치하는 장소를 이 좌표를 사용해서 정해야 합니다.

X는 동서, Z는 남북

 주의

파이썬에서 다루는 좌표에 대해서

F3 키로 볼 수 있는 게임 내의 좌표와 파이썬으로 알아낼 수 있는 좌표는 사실 조금 의미가 다릅니다.

게임 안의 좌표는 월드의 원점으로부터의 거리를 나타내지만, 파이썬으로 알아낸 좌표는 플레이어가 처음에 출현한 지점 옆으로부터의 거리를 나타냅니다.

그렇기 때문에 파이썬에서 알아낸 좌표와 F3 키로 확인한 좌표가 맞지 않는 경우가 많은데, 헷갈리므로 이 책에서는 둘 다 같은 것으로서 설명하겠습니다.

3 원하는 장소에 블록을 설치하자

블록을 설치하는 프로그램을 만들자

플레이어의 좌표를 알아낸다

64쪽에서 만든 프로그램(block_1_1.py)을 한 번 더 살펴봅시다.

```
x, y, z = mc.player.getPos()
```

mc.player.getPos()는 플레이어의 좌표를 알아내는 메서드(명령)입니다.

이 행에서는 알아낸 결과가 좌변의 3개 변수에 기록되어 x 좌표는 변수 x에, y 좌표는 변수 y에, z 좌표는 변수 z에 각각 대입됩니다.

블록을 설치한다

```
mc.setBlock(x + 1, y, z + 1, 1)
```

다음 행에 있는 mc.setBlock 메서드는 실제로 블록을 설치합니다.

mc.setBlock 메서드의 뒤에 이어진 ( )의 내용물은 ,(콤마)로 구분되어 있고 전부 4개 있습니다. 이 메서드의 ( )에 입력하는 내용물을 **인수**라고 합니다. 이 4개의 인수를 하나씩 살펴봅시다.

▶ **1번째: x + 1**
첫 값으로 블록을 설치하는 장소의 x 좌표를 정합니다.

x는 보통의 문자가 아닌 조금 전 알아낸 플레이어의 x 좌표가 들어 있는 변수입니다.

x + 1은 플레이어의 위치에서 x 방향으로 1만큼 진행한 위치를 나타냅니다.

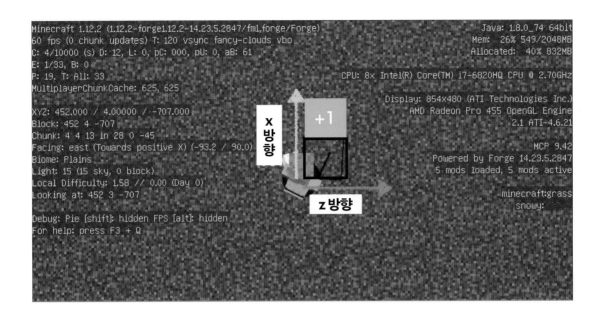

조금 전 예시에서는 x의 값은 숫자 452였습니다. 즉, **x + 1**의 진짜 값은 453이 됩니다.

▶ 2번째: y

2번째 값은 블록을 설치하는 장소의 y 좌표를 정합니다.

y에는 플레이어의 y 좌표가 들어 있습니다.

여기에서는 y에 아무것도 더하지 않기 때문에 플레이어가 서 있는 장소와 같은 y 좌표를 나타냅니다.

조금 전 예시에서 y의 값은 4였습니다.

▶ 3번째: z + 1

3번째 값은 블록을 설치하는 장소의 z 좌표를 정합니다.

x, y와 마찬가지로 z에는 플레이어의 z 좌표가 들어 있습니다.

x + 1과 마찬가지로 **z + 1**은 플레이어의 위치에서 z 방향으로 1만큼 진행한 위치를 나타냅니다.

인수는 3개의 좌표와
블록의 종류구나.

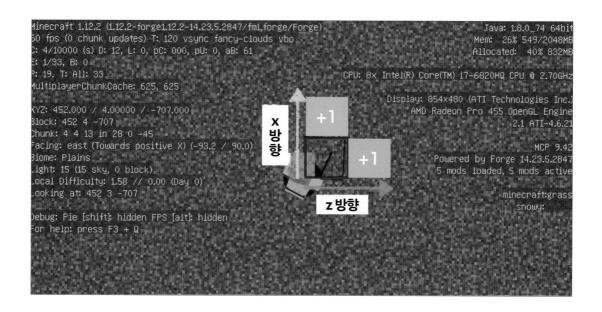

조금 전 예시에서 z의 값은 −707이었습니다.

이것은 z 방향의 반대 방향으로 707만큼 진행한 위치였으므로 z + 1은 z 방향의 반대 방향으로 706만큼 진행한 위치가 됩니다.

▶ 4번째: 1
4번째 값은 설치하는 블록의 종류를 나타냅니다.

마인크래프트에는 다양한 블록이 있으며 각각에 번호가 할당되어 있습니다. 이번은 **1번** 블록으로 이것은 돌 블록(STONE)의 번호입니다.

1번 블록

이러한 4개의 값이 mc.setBlock 메서드의 **인수**입니다.

4개의 인수를 잘 조절하면 원하는 장소에 원하는 블록을 설치할 수 있습니다.

4 연습 문제

① 파이썬 파일(block.py 등)의 .py 부분을 뭐라고 할까요? 또, 뭐라고 읽을까요?

② -32, 10, 108이라는 좌표는 어떠한 위치를 나타낼까요?

③ 원점(월드의 중심)은 왜 좌표가 (0, 0, 0)이 되는 것인지 생각해 봅시다.

④ mcpipy 폴더의 안에 block2.py라는 파일을 만들고, 다음 내용과 같이 작동하는 프로그램을 만들어 저장합시다(이미 같은 이름의 파일이 있으면 block3.py 등 번호를 바꿔서 만듭시다).

- 플레이어의 위치에서 x 방향으로 2만큼 되돌아간 지점
  힌트: 플레이어의 위치를 알아내려면 mc.player.getPost() 메서드를 사용합니다.
- 플레이어의 위치에서 x 방향으로 1만큼 되돌아가고, 높이가 1만큼 높은 위치
- 플레이어의 위치에서 높이가 2만큼 높은 위치
- 플레이어의 위치에서 x 방향으로 2만큼 가고, 높이가 2만큼 높은 위치

제**4**장

큰 건물을 만들자

블록을 원하는 위치에 놓을 수 있게 됐으면,
그런 다음에는 많은 블록을 놓고 큰 건물을 만들어 봅시다!

학부모님에게
앞 장에서 설명한 좌표에 높이,
폭, 깊이라는 크기의 개념을
더합니다. 건물 만들기를
통해서 숫자로 무엇이 만들 수
있는지 상상할 수 있는 힘을
키울 수 있습니다.

1 블록을 한꺼번에 설치한다

블록을 한꺼번에 설치하는 프로그램을 만들자

블록을 하나씩 설치하는 방법과 한꺼번에 설치하는 방법

앞 장에서는 파이썬 프로그램을 사용해서 블록을 설치하는 방법을 배웠습니다.

원하는 장소의 좌표를 지정하고 블록을 하나씩 설치할 수 있게 되었는데 이 방법으로는 많은 블록을 놓고 싶을 때 프로그램을 여러 번 만들어야 합니다.

이번에는 많은 블록을 한꺼번에 설치하는 방법을 공부합니다.

이것이 되면 큰 건물도 프로그램을 사용해서 간단히 세울 수 있게 됩니다.

프로그램으로 많은 블록을 설치한다

먼저 **mcpipy** 폴더 안에 **blocks_1_1.py**이라는 파일을 만듭시다. **blocks**는 **block**의 복수형(여러 개)입니다.

한국어에서는 **아이**가 2명 이상 있으면 **아이들**이 되는 것처럼 복수형을 나타내기 위한 말의 뒤에 **들**을 붙이는데, 영어에서는 **s**를 붙입니다. 이제부터 만드는 것은 많은 블록을 설치하는 프로그램이므로 **block** 의 뒤에 복수형인 **s**를 붙입니다.

이제 이 파일에 많은 블록을 한꺼번에 설치하여 큰 정육면체(상자)의 건물을 세우는 코드를 만듭니다.

우선 언제나 그랬듯 다음 2행을 적어 마인크래프트와 접속합시다.

blocks_1_1.py

```
import mcpi.minecraft as minecraft

mc = minecraft.Minecraft.create()
```

다음으로 플레이어의 좌표를 알아냅니다. 이번에도 플레이어의 좌표를 사용해서 다양한 것을 만들어 보겠습니다.

```
x, y, z = mc.player.getPos()
```

여러 개의 블록을 한꺼번에 설치하려면 mc.setBlock() 메서드가 아닌 mc.setBlocks() 메서드를 사용합니다. 마지막에 복수형의 **s**를 붙이는 것에 주의하세요.

확인을 위해 플레이어의 옆에 높은 돌기둥을 세워 봅시다. 다음의 코드를 입력하고 실행해 보세요. 나중에 자세히 설명하므로 우선은 실수하지 않도록 주의해서 입력해 봅시다(block_1_1.py).

blocks_1_1.py

```
mc.setBlocks(x + 1, y, z, x + 1, y + 20, z, 1)
```

실행하면 다음과 같은 높은 기둥이 만들어집니다.

높은 돌기둥

이번은 다음의 코드를 적어 봅시다(blocks_1_2.py). 숫자와 **+**, **-** 기호가 많으므로 주의하세요.

blocks_1_2.py

```
mc.setBlocks(x - 3, y, z + 3, x - 2, y + 3, z - 3, 24)
mc.setBlocks(x + 2, y, z + 3, x + 3, y + 3, z - 3, 24)
mc.setBlocks(x - 3, y + 4, z + 3, x + 3, y + 5, z - 3, 24)
```

그 결과 다음 쪽에 나오는 그림 같이 사암으로 된 터널이 완성됩니다.

사암 터널

mc.setBlocks() 메서드를 사용하면 이러한 건물이 순식간에 만들어진다는 걸 알게 되었나요?

그럼 다음 페이지부터 사용법을 자세히 살펴봅시다.

프랑스 파리의 개선문 같아!

2 mc.setBlocks()의 사용법

블록을 한꺼번에 설치하는 프로그램을 만들자

🧊 블록을 놓는 범위를 지정한다

69쪽에서 공부한 mc.setBlock() 메서드를 사용할 때는 **어디에 블록을 놓을지**를 좌표로 지정했습니다.

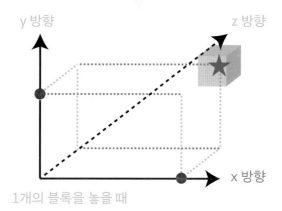

3개의 값으로 1개의 장소를 정한다.

y 방향 · z 방향 · x 방향
1개의 블록을 놓을 때

이에 반해 이번에 사용하는 mc.setBlocks() 메서드는 **어디서부터 어디까지 블록을 놓을지**를 지정하는 것이 핵심입니다.

- x 방향으로 어디서부터 어디까지인가
- y 방향으로 어디서부터 어디까지인가
- z 방향으로 어디서부터 어디까지인가

이 3개 방향의 **시작**과 **도착**을 정함으로써 그 범위를 가득히 채워서 블록을 놓아 줍니다.

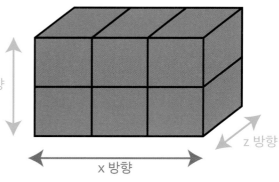

'어디에서 어디까지'를 3개 정해서 그 범위 안에 블록을 놓는다.

y 방향 · z 방향 · x 방향
2개 이상의 블록을 놓을 때

🧊 mc.setBlocks() 메서드의 인수

그럼, mc.setBlocks() 메서드의 자세한 사용법을 다음 blocks_2_1.py의 코드를 예로 설명합니다.

blocks_2_1.py

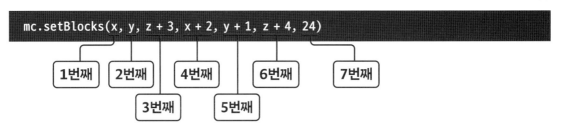

mc.setBlocks() 메서드에는 7개의 인수가 있습니다.

▶ 1번째와 4번째: x와 x + 2
1번째 인수는 **x 방향의 시작**을 정하고, 4번째 인수는 **x 방향의 도착**을 정합니다.

다시 말하면 이 예시에서 **x 방향은 x에서 x + 2의 사이, 그러니까 x, x + 1, x + 2의 칸에 블록을 놓는다**는 것을 나타냅니다.

▶ 2번째와 5번째: y와 y + 1
2번째 인수는 **y 방향의 시작**을 정하고, 5번째 인수는 **y 방향의 도착**을 정합니다.

이 예시에서 **y 방향은 y부터 y + 1의 사이, 그러니까 y, y + 1의 칸에 블록을 놓는다**를 나타내고 있습니다.

▶ 3번째와 6번째: z + 3과 z + 4
3번째 인수는 **z 방향의 시작**을 정하고, 6번째 인수는 **z 방향의 도착**을 정합니다.

이 예시에서 **z 방향은 z + 3부터 z + 4의 사이, 그러니까 z + 3, z + 4의 칸에 블록을 놓는다**가 됩니다.

▶ 7번째: 블록의 종류
7번째 인수는 설치하는 블록의 종류를 나타냅니다.

이번은 **24번** 블록으로 이것은 사암(Sandstone)의 번호입니다.

사암 블록

이로써 여러 개의 블록을 한꺼번에 설치하는 메서드의 완성입니다.

실행하면 x 방향, y 방향, z 방향에 각각 3 x 2 x 2 = 12개의 사암 블록 덩어리가 만들어집니다.

사암 블록의 직육면체

인수가 많네!

처음 3개가 시작 위치,
다음 3개가 종료 위치,
마지막이 블록의 종류다. 멍!

3 time과 sleep

지금까지의 프로그램은 실행하면 모든 명령을 한꺼번에 실행했습니다. 여기에서는 하나하나의 명령을 시간을 두고 계속해서 실행하는 방법을 공부합니다.

조금 전의 터널을 만든 코드(blocks_1_2.py)를 한 번 더 살펴봅시다.

blocks_1_2.py

```
import mcpi.minecraft as minecraft

mc = minecraft.Minecraft.create()

x, y, z = mc.player.getPos()

mc.setBlocks(x - 3, y, z + 3, x - 2, y + 3, z - 3, 24)
mc.setBlocks(x + 2, y, z + 3, x + 3, y + 3, z - 3, 24)
mc.setBlocks(x - 3, y + 4, z + 3, x + 3, y + 5, z - 3, 24)
```

이것에 코드를 몇 줄 추가합니다(blocks_3_1.py).

blocks_3_1.py

```
import mcpi.minecraft as minecraft
import time                          ─── 이 행을 추가

mc = minecraft.Minecraft.create()

x, y, z = mc.player.getPos()

time.sleep(2)                        ─── 추가
mc.setBlocks(x - 3, y, z + 3, x - 2, y + 3, z - 3, 24)
time.sleep(2)                        ─── 추가
mc.setBlocks(x + 2, y, z + 3, x + 3, y + 3, z - 3, 24)
time.sleep(2)                        ─── 추가
mc.setBlocks(x - 3, y + 4, z + 3, x + 3, y + 5, z - 3, 24)
```

우선은 이것을 실행해 봅시다.

그러면 바로는 아무 일도 일어나지 않지만 조금씩 터널이 만들어지는 걸 알 수 있습니다.

한쪽 벽이 만들어지고

다른 쪽 벽이 만들어진다.

터널 완성

그럼, 추가한 코드에 대해서 설명합니다.

```
import time
```

파이썬에서 시간을 다루기 위한 time 모듈을 사용하도록 컴퓨터에게 알려 주고 있습니다.

모듈이란 파이썬에 새로운 기능을 추가하기 위한 도구 상자 같은 것으로 time 모듈은 시간과 관련된 다양한 도구가 가득 찬 도구 상자입니다.

또한, 프로그램에서 모듈을 사용할 수 있도록 하는 것을 **import(임포트)**한다고 합니다.

위의 행에서는 import mcpi.minecraft as minecraft라고 입력하였는데, 이것은 파이썬에서 마인크래프트를 다루기 위한 mcpi 모듈을 임포트하여 이 모듈을 사용하도록 컴퓨터에게 알려 주는 것입니다.

이어서 다음의 코드를 추가했습니다.

```
time.sleep(2)
```

조금 전 사용하도록 한 time 모듈로부터 time.sleep() 메서드를 사용하고 있습니다.

time.sleep() 메서드는 인수에 입력한 초 수만큼, 프로그램의 움직임을 멈춰 주는 메서드입니다. 이번은 전부 2를 입력하고 있으므로 하나하나의 작업을 2초마다 하는 프로그램이 되었습니다.

2초 뒤

2초 뒤

타임 슬립으로
자는 중이다. 멍!

2초마다 하나씩 조립됩니다.

배운 것을 확인하자

4 연습 문제

① **mcpipy 폴더에 cube.py라는 파일을 만들고, 다음 내용을 순서대로 실행하는 프로그램을 만듭시다.**

- 플레이어의 위치를 알아내서 변수 x, y, z에 대입한다.
- 플레이어 근처에 한 변의 길이가 3 블록인 사암 정육면체(모든 변이 같은 길이인 상자)를 만든다.
- 3초 동안 프로그램을 멈춘다.
- 만든 정육면체의 바로 앞에 같은 크기의 사암 정육면체를 만든다.
- 3초 동안 프로그램을 멈춘다.
- 처음에 만든 정육면체의 바로 옆에 같은 크기의 TNT 블록 직육면체를 만든다(TNT 블록의 번호는 46번).

같은 조작을 반복하자

반복 처리를 사용해서 불멸의 블록을 만들어 봅시다.
어떻게 그럴 수 있는지 수수께끼를 풀어 볼까요?

학부모님에게

반복 처리는 어른도 막히기
쉬운 부분입니다. 수작업을
통한 반복 처리와 연결하여
이해시켜 주세요.

같은 작업을 반복하는 프로그램을 만들자

1 아무리 깨도 없어지지 않는 블록을 만든다

앞 장에서는 여러 개의 블록을 한꺼번에 설치하는 mc.setBlocks() 메서드를 배웠습니다. 이 장에서는 **같은 조작을 반복**하는 방법을 배워서 또 새로운 것을 만들어 보겠습니다.

mcpipy 폴더에 **immortal_1_1.py**라는 파일을 만듭시다.

힌트

이 영어 단어는 뭘까?

immortal은 영어로 **불멸의(없어지지 않는)**, **불사신의(죽지 않는)** 의미입니다.

파일의 내용에는 이러한 프로그램을 만듭니다.

immortal_1_1.py

```python
import mcpi.minecraft as minecraft
import time

mc = minecraft.Minecraft.create()

x, y, z = mc.player.getPos()

for _ in range(100):
    time.sleep(2)
    mc.setBlocks(x + 3, y, z - 1, x + 5, y + 2, z + 1, 1)
```

주의

코드를 쓸 때는 들여쓰기에 주의

for...의 다음 행은 처음에 공백을 4개 입력하고 나서 쓰여져 있는 것에 주의합시다.

저장을 했으면 실행해 봅시다. 플레이어 근처에 돌 블록으로 된 상자가 만들어져 있을 것입니다.

시험 삼아 이 상자를 곡괭이 등으로 깎아 내 봅시다.

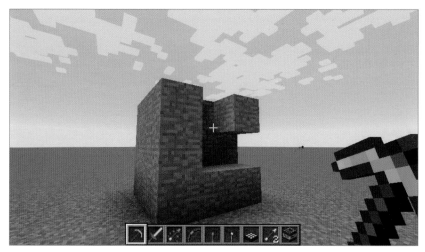

바위 블록의 덩어리를 곡괭이로 깎아 낸다.

조금 시간이 지나면 깎아 낸 부분이 원래대로 되돌아갈 것입니다. 몇 번 부셔도 부활하는 불멸의 블록이 완성됩니다.

깎인 바위 블록의 덩어리가 자동으로 원래대로 되돌아간다.

이것은 정말로 블록이 부활하게 된 것은 아닙니다. 프로그램으로 같은 장소에 2초 간격으로 블록을 다시 설치함으로써 마치 블록이 부활하고 있는 것처럼 보이는 것입니다. 덧붙여서 이 프로그램은 200초 정도면 끝나게 되어 있기 때문에 잠시 후 블록을 부숴도 부활하지 않게 됩니다.

이렇게 파이썬에서 무언가를 반복할 때 사용하는 것이 for 문이라는 것입니다. 이번은 이 for 문의 사용법을 공부합니다.

깨도 깨도 없어지지 않는다니 불멸의 수수께끼를 알고 싶어.

같은 동작을 반복하는 프로그램을 만들자

2 for 문의 사용법

그럼 for 문의 사용법을 공부합시다. **mcpipy** 폴더에 **repeat_2_1.py**라는 파일을 만들고 다음과 같이 프로그램을 만듭시다.

힌트

이 영어 단어는 뭘까?

repeat는 영어로 **반복한다**는 의미입니다.

repeat_2_1.py

```python
import mcpi.minecraft as minecraft

mc = minecraft.Minecraft.create()

for _ in range(3):
    mc.postToChat('Hello!')
```

주의

코드를 쓸 때는 들여쓰기에 주의

여기에서도 **for...**의 다음 행은 처음에 공백을 4개 사용하고 있습니다.

이것을 실행하면 다음과 같습니다.

Hello!를 반복 표시

채팅 창에 **Hello!** 문자가 3회 나오고 있습니다. mc.postToChat() 메서드를 한 번만 적었는데 3회 반복된 것을 알 수 있을 것입니다.

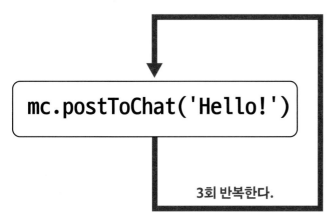

같은 작업을 3회 반복한다.

이것이 for 문의 기능입니다. 1행씩 사용법을 살펴봅시다.

```
for _ in range(3):
```

for 문이라는 이름 그대로 처음이 **for**로 시작되고 있습니다.

작업을 반복하는 횟수는 range( )의 안에 넣은 숫자와 같습니다. 이 경우라면 **3**을 넣고 있으므로 **3회 반복해 줘**라고 컴퓨터에게 부탁하는 것이 됩니다.

_in에 대해서는 94쪽에서 자세히 설명합니다. for 문에서는 반드시 적어야 하는 부분이므로 일단 적어 두세요.

행의 마지막이 **:(콜론)**으로 끝나고 있는데 이것은 **앞으로 반복하고 싶은 조작을 적어 나갈게요**라는 표시입니다. 이것이 없으면 컴퓨터는 무엇을 반복해야 할지 몰라서 오류를 일으키고 맙니다.

다음이 반복하고 싶은 조작입니다.

```
mc.postToChat('Hello!')
```

for 문 안에는 앞에서도 사용해 본 적 있는 mc.postToChat() 메서드에서 **Hello!**라는 메시지를 보냅니다.

이 repeat_2_1.py에서 만든 프로그램은 다음 프로그램과 같은 순서로 실행됩니다(repeat_2_2.py).

repeat_2_2.py

```
import mcpi.minecraft as minecraft  # 1

mc = minecraft.Minecraft.create()  # 2

mc.postToChat('Hello!')                # 3
mc.postToChat('Hello!')                # 4
mc.postToChat('Hello!')                # 5
```

반복할 수 있는 조작은 메시지를 보내는 것만이 아닙니다. 조금 전과 같이 블록을 설치하거나 어떤 계산을 반복하는 것처럼 여러 가지 일을 할 수 있습니다.

앞에서 몇 번 이야기했는데, for 문으로 반복하고 싶은 조작의 행은 행의 시작에 공백 4개가 필요하다는 것에 주의하세요.

예를 들어 다음과 같은 코드를 추가로 써 봅시다(repeat_2_3.py).

repeat_2_3.py

```
import mcpi.minecraft as minecraft

mc = minecraft.Minecraft.create()

for _ in range(3):
    mc.postToChat('Hello!')
    mc.postToChat('Python!')
mc.postToChat('Minecraft!')
```

결과는 다음과 같습니다.

복잡한 반복 표시

행의 시작에 공백을 넣은 **Hello!**와 **Python!**은 3회 반복되고 있는데, 그렇지 않은 **Minecraft!**는 1번만 표시되고 있습니다. 이 문장 첫머리의 공백을 **들여쓰기(인덴트)**라고 합니다.

파이썬에서는 들여쓰기가 있는지 없는지에 따라 for 문으로 반복하는 조작인지 여부를 분간합니다.

```
for _ in range(3):
    mc.postToChat('Hello!')
    mc.postToChat('Python!')
```

들여쓰기

🧊 블록을 반복 설치한다

86쪽에서 만든 불멸의 블록 프로그램(immortal_1_1.py)에서 쓰였던 for 문을 다시 한번 살펴봅시다.

immortal_1_1.py

```
for _ in range(100):
    time.sleep(2)
    mc.setBlocks(x + 3, y, z - 1, x + 5, y + 2, z + 1, 1)
```

여기에서 range()의 인수는 **100**이므로 들여쓰기 한(문장 첫머리를 비우고 있다) 행의 조작을 100회 반복하고 있습니다.

반복하는 조작은

• **time.sleep()** 메서드로 2초 동안 프로그램을 멈춘다.
• **mc.setBlocks()** 메서드로 블록을 설치한다.

로 2가지입니다. 덧붙여서 이 for 문은

• **2초마다 같은 장소에 블록을 놓는 일을 100회 반복한다.**

가 됩니다.

같은 장소에 블록을 계속 놓음으로써 블록이 여러 번 부활하는 것처럼 보이는 것입니다.

주의

time.sleep()을 사용하지 않을 때

프로그램은 매우 빠른 속도로 실행되기 때문에 time.sleep()으로 한 번씩 쉬지 않으면 100회 반복도 순식간에 끝나버립니다.

반복이 끝난 다음은 블록을 부셔도 부활하지 않습니다.

3 연습 문제

① mcpipy 폴더에 navi.py라는 파일을 만들고 다음을 실행하는 프로그램을 만듭시다.

■ **자신의 좌표를 채팅 창에 계속 표시하는 프로그램**

- 다음의 조작을 10회 반복한다.
- 3초 동안 프로그램을 멈춘다.
- 플레이어의 좌표를 알아서 변수 **post**에 대입한다.
  힌트: 대입의 좌변을 x, y, z가 아닌 post로 하면 post 안에 3개의 숫자를 한꺼번에 대입할 수 있습니다.
- 대입한 **post**를 채팅 창으로 보낸다.

② mcpipy 폴더에 blockfall.py라는 파일을 만들고 다음을 순서대로 실행하는 프로그램을 만듭시다.

■ **자갈 블록을 계속 떨어뜨리는 프로그램**

- 플레이어의 좌표를 알아서 **x, y, z**에 대입한다.
- 다음의 조작을 100회 반복한다.
- 1초 동안 프로그램을 멈춘다.
- 플레이어의 옆 **(x + 1, y, z)**에서 100 블록만큼 높은 곳에 자갈 블록(Gravel)을 설치한다(자갈 블록의 번호는 13번).

제 6 장

계단을 만들자

반복 처리를 잘 사용하면 매우 높은 계단을 순식간에 만들 수 있습니다.

학부모님에게

반복 처리의 카운터를 좌푯값에 반영함으로써 계단 모양의 건물을 자동으로 만들 수 있습니다. 다양하게 응용할 수 있는 기술입니다.

수를 세는 프로그램을 만들자

1 수를 세는 프로그램을 만든다

앞 장은 같은 조작을 반복하는 for 문의 사용법을 공부하고, 같은 장소에 블록을 계속 설치하는 프로그램을 만들었습니다.

이 장도 for 문을 사용한 조작을 공부합니다. 86쪽에서는 완전히 같은 조작을 반복했는데, 이 장은 조금 응용하여 조금씩 다른 조작을 반복해 봅시다.

바로 프로그램을 만들어 보겠습니다. **mcpipy** 폴더에 **count_1_1.py**라는 파일을 만듭시다.

힌트

이 영어 단어는 뭘까?

count는 영어로 **세다**는 의미입니다.

파일의 내용은 다음과 같이 만듭시다.

count_1_1.py

```
import mcpi.minecraft as minecraft

mc = minecraft.Minecraft.create()

for i in range(10):
    mc.postToChat(i)
```

이것을 실행하면 다음과 같이 채팅 창에 0부터 9까지의 숫자가 나열될 것입니다.

0부터 9까지의 숫자를 표시한다.

mc.postToChat()의 인수에는 변수 **i**가 들어 있습니다. 이 **i**는 이전 행의 **for i in range(10) :** 부분에서 나왔습니다.

for 문은 range()의 인수 숫자 횟수만큼, 같은 조작을 반복하는 기능이 있습니다. 그리고 **for i in range(10) :** 의 i에는 반복될 때마다 **그것이 몇 회째의 조작인지**를 나타내는 숫자가 대입됩니다.

예를 들어 1회째의 조작이면 **i**에는 0이 대입되므로 mc.postToChat() 메서드는 **0**을 채팅 창에 표시합니다. 2회째는 i에 1이 대입되므로 채팅 창에는 **1**이 표시됩니다.

반복할 때마다 변수 i 안에 있는 내용이 바뀌는구나.

1회째 : i = 0
2회째 : i = 1
3회째 : i = 2
⋮
10회째 : i = 9

10회 반복한다.

0부터 9까지 차례로 대입한다.

주의

파이썬에서 수를 세는 법

파이썬에서는 수를 셀 때는 1이 아닌 0부터 시작합니다. 이것은 많은 프로그래밍 언어에서 공통됩니다.

range(10)은 for 문의 조작을 10회 반복하므로 **i**의 내용물은 0, 1, ⋯⋯ 로 이어지고 마지막은 9가 대입되어, mc.postToChat() 메서드가 채팅 창에 **9**를 표시하고 이 for 문은 종료합니다.

i에는 숫자가 들어 있으므로 덧셈이나 뺄셈도 할 수 있습니다. 예를 들어 **mc.postToChat(i + 1)**이라고 적으면 (예제: count_1_2.py), 조금 전의 결과에 전부 **1**이 더해집니다.

1부터 10까지의 숫자를 표시한다.

2 돌 블록으로 계단을 만든다

수를 세는 프로그램을 만들자

수를 세는 것만으로는 재미가 없으니까 for 문의 구조를 이용해서 물체 만들기를 합시다.

mcpipy 폴더에 **stairs_2_1.py**라는 파일을 만듭시다. 내용에는 다음과 같은 프로그램을 만듭니다.

stairs_2_1.py

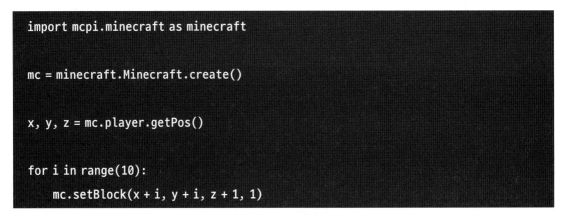

```python
import mcpi.minecraft as minecraft

mc = minecraft.Minecraft.create()

x, y, z = mc.player.getPos()

for i in range(10):
    mc.setBlock(x + i, y + i, z + 1, 1)
```

힌트

이 영어 단어는 뭘까?

stairs는 계단이라는 의미입니다.

실행하면 10개의 돌 블록이 계단처럼 설치됩니다.

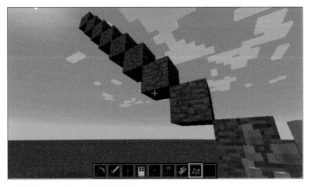

계단 모양으로 늘어선 돌 블록

for 문을 사용하지 않아도 되잖아라고 생각한 분도 있을 것입니다. 분명 반복을 사용하지 않고 mc.setBlock() 메서드를 10회 적어도 이 계단은 만들 수 있습니다.

그러나 10회나 비슷한 조작을 적는 것은 번거롭습니다. 인수도 헷갈릴 수 있습니다. 그에 반해 for 문을 사용하면 코드는 2행뿐이므로 매우 간단합니다.

그럼 for 문으로 어떻게 계단을 만들었는지를 살펴봅시다.

```
for i in range(10):
    mc.setBlock(x + i, y + i, z + 1, 1)
```

조금 전의 채팅 예와 마찬가지로 같은 조작을 10회 반복하는 for 문입니다. 변수 **i**의 내용물은 반복할 때마다 0, 1, …로 변해 가며, 마지막의 10회째는 9가 들어가고 종료됩니다.

여기에서 사용하고 있는 mc.setBlock() 메서드에서는 x 좌표와 y 좌표가 포인트입니다. **x + i, y + i**와 같이 각각 플레이어의 좌표에 i를 더하고 있습니다. for 문을 사용하지 않고 적는다면 다음과 같습니다 (stairs_2_2.py).

stairs_2_2.py

```
mc.setBlock(x, y, z + 1, 1)
mc.setBlock(x + 1, y + 1, z + 1, 1)
mc.setBlock(x + 2, y + 2, z + 1, 1)
...
mc.setBlock(x + 9, y + 9, z + 1, 1)
```

매 회 x 좌표와 y 좌표에 더하는 수가 커지는 것을 알 수 있을 것입니다. 이로써 다음에 놓는 블록의 위치는 **전에 놓은 블록의 1개 옆, 1단 높은 곳**이 되므로 점점 높아지는 계단과 같은 것이 만들어지는 것입니다.

z 좌표를 **z + 1** 그대로 하고 있는 것도 중요합니다. 이것도 **z + i**로 해서 같이 크게 하면 다음과 같은 결과가 됩니다.

첫 좌표에 변수 i를 더하면
계단이 된다…
음, 조금 복잡해서 어렵다.

비스듬하게 나열된 돌 블록

비스듬히 연결된 블록…… 도저히 오르기 힘들 것 같습니다.

이 프로그램을 응용하면 다음과 같이 지면에 발이 닿은 계단도 만들 수 있습니다. 이렇게 하는 것이 올라갈 때 안정감이 있을 것 같네요.

지면까지 전부 채운 계단 모양의 돌 블록

프로그램은 다음과 같습니다(stairs_2_3.py).

```
import mcpi.minecraft as minecraft

mc = minecraft.Minecraft.create()

x, y, z = mc.player.getPos()

for i in range(10):
    mc.setBlocks(x + i, y, z + 1, x + i, y + i, z + 1, 1)
```

mc.setBlocks() 메서드를 사용해서 세로 방향으로 놓는 블록의 범위를 점점 크게 하고 있습니다.

최종적으로는 높이 y에서 높이 y + 9까지 블록이 10개가 쌓이게 됩니다.

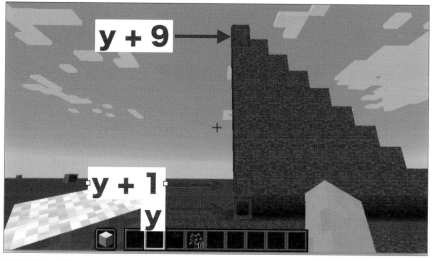

옆에서 본 그림

위치의 y는 고정하고
높이의 y를 조금씩
늘리고 있구나. 멍!

배운 것을 확인하자

3 연습 문제

① mcpipy 폴더에 stairs2.py라는 파일을 만들고 for 문을 사용해서 블록 폭이 3칸인 10단의 계단을 만듭시다.

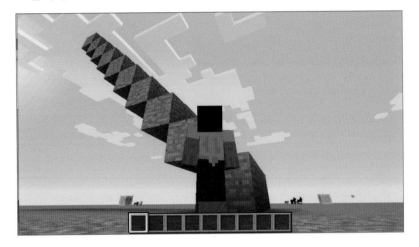

② mcpipy 폴더에 stairs3.py라는 파일을 만들고 for 문을 사용해서 금광석·철광석·석탄광석으로 만든 계단을 만듭시다.

- 금광석 번호는 14번
- 철광석 번호는 15번
- 석탄광석 번호는 16번

제 7 장

알록달록 타일을 만들자

블록의 색이나 종류를 바꾸면 알록달록 여러 색깔로 건물을 만들 수 있습니다. 수작업이면 힘든 것도 궁리하기에 달렸습니다.

학부모님에게

리스트를 이용하면 반복 처리의 자유도가 더욱 넓어집니다.

1 알록달록 타일을 만들자

많은 데이터를 한 번에 처리하는 프로그램을 만들자

이제까지 각각의 변수에 데이터를 넣는 방법을 설명했습니다. 여기에서는 여러 개의 데이터를 통합하는 방법을 설명합니다.

프로그래밍에서는 몇 개의 데이터를 통합하는 작업을 하는 경우가 자주 있습니다. 데이터를 합쳐서 한 번에 많은 데이터를 조작할 수 있어서 복잡한 것이나 큰 것을 만들 때에 편리합니다.

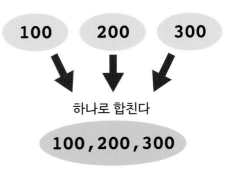

2개 이상의 데이터를 하나로 통합해서 처리한다.

이 장에서는 데이터를 통합하는 방법으로 **리스트**를 공부합니다. 리스트로 통합한 데이터는 앞 장까지 공부해 온 for 문으로 단숨에 처리합니다. 이것을 잘 사용하면 아래와 같은 알록달록한 타일을 간단히 만들 수 있습니다.

양모 블록으로 만드는 체크 무늬

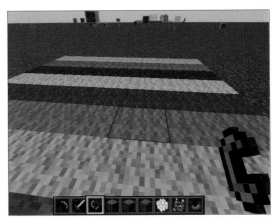

알록달록한 양모 블록으로 만든 타일

알록달록하고 예쁘다!

2 데이터를 통합하는 리스트

우선은 Thonny에서 **list_2_1.py**라는 파일을 만들고, 리스트를 사용하지 않는 간단한 프로그램을 입력하여 마인크래프트에서 실행해 봅시다.

list_2_1.py

```python
import mcpi.minecraft as minecraft

mc = minecraft.Minecraft.create()

a = "RED"
b = "GREEN"
c = "BLUE"

mc.postToChat(a)
mc.postToChat(b)
mc.postToChat(c)
```

RED, GREEN, BLUE라고 표시한다.

힌트

이 영어 단어는 뭘까?

RED는 빨간색, **GREEN**은 녹색, **BLUE**는 파란색입니다. 이것을 합쳐서 **빛의 삼원색**이라고 합니다.

변수에 문자열을 대입하고 하나씩 채팅에 보내고 있습니다. 이대로도 프로그램이 동작하지만 변수를 3개나 준비해야 합니다.

이처럼 종류가 비슷한 데이터(여기에서는 **"RED"**, **"GREEN"**, **"BLUE"** 3개의 문자열)는 합쳐서 리스트에 보관하면 편리합니다(list_2_2.py). 먼저 처리 방법을 살펴봅시다.

list_2_2.py

```python
import mcpi.minecraft as minecraft

mc = minecraft.Minecraft.create()

colors = ["RED", "GREEN", "BLUE"]

mc.postToChat(colors[0])
mc.postToChat(colors[1])
mc.postToChat(colors[2])
```

결과는 조금 전과 같습니다. 무엇을 하고 있는지 설명하겠습니다.

```python
colors = ["RED", "GREEN", "BLUE"]
```

이 대괄호 [ ]로 둘러싼 것이 **리스트**입니다. 리스트는 데이터에 번호를 붙여서 보관하는 상자와 같은 것이라고 생각해 주세요. 여기에서는 **"RED"** 등의 문자열을 하나의 리스트로 통합해서 변수 **colors**에 대입하고 있습니다.

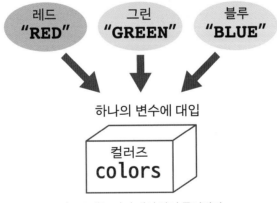

리스트에는 여러 개의 값이 들어간다.

이 영어 단어는 뭘까?

color는 영어로 **색깔**이라는 의미입니다. 여기에서는 3가지의 색깔을 포함하고 있으므로 복수형인 **colors**를 사용합니다.

리스트의 내용물인 **"RED"**, **"GREEN"** 등을 리스트의 **요소**라고 합니다. 각각의 요소에는 그것이 **이 리스트의 몇 번째 요소인지**를 나타내는 **인덱스**라는 숫자가 맨 앞부터 0, 1, 2, 3····· 순으로 붙습니다.

주의

리스트는 0부터 시작된다

리스트의 각 요소에는 순서대로 인덱스 번호가 붙습니다. 리스트의 인덱스 번호는 range()로 수를 세는 것과 마찬가지로 0부터 시작됩니다. 1부터 시작하는 게 아니므로 주의합시다.

```
mc.postToChat(colors[0])
```

이 **colors[0]**으로 인덱스를 사용하여 요소를 지정해서 호출하고 있습니다. 0은 리스트의 맨 앞을 나타내고 있으므로 **colors** 리스트의 맨 앞에 있는 **"RED"**가 채팅 창에 보내집니다. 마찬가지로 1로 **"GREEN"**, 2로 **"BLUE"**가 호출됩니다.

for 문을 사용하면 프로그램을 더욱 깔끔하게 만들 수 있습니다(list_2_3.py).

list_2_3.py

```
import mcpi.minecraft as minecraft

mc = minecraft.Minecraft.create()

colors = ["RED", "GREEN", "BLUE"]

for i in range(3):
    mc.postToChat(colors[i])
```

for 문 안의 변수 **i**에는 반복될 때마다 0, 1, 2가 대입되므로 **colors** 리스트의 3개 요소가 차례대로 호출되게 됩니다.

리스트를 사용하면
문자열의 반복도
할 수 있구나.

많은 데이터를 한 번에 처리하는 프로그램을 만들자

3 블록의 종류와 정보

리스트 사용법을 공부했으니, 형형색색의 타일을 만들기 위해 채색한 양모 블록을 사용할 수 있도록 해봅시다.

color_blocks_3_1.py라는 파일을 만들고, 다음과 같이 프로그램을 만듭니다.

color_blocks_3_1.py

```python
import mcpi.minecraft as minecraft

mc = minecraft.Minecraft.create()

x, y, z = mc.player.getPos()

mc.setBlock(x + 1, y, z, 35, 0)
mc.setBlock(x + 1, y + 1, z, 35, 1)
mc.setBlock(x + 1, y + 2, z, 35, 2)
```

실행하면 다음과 같이 3색의 양모 블록이 나타납니다.

3색의 양모 블록을 쌓는다.

이전에 **mc.setBlock()** 메서드에는 4개의 인수가 있다고 소개했는데, 실은 5번째의 인수, **블록의 정보**
가 있습니다.

```
mc.setBlock(x + 1, y, z, 35, 0)
```

1, 2, 3번째까지의 인수는 블록의 좌표를, 4번째 인수는 **블록의 종류**를 정하는 것이었습니다. 양모 블록
의 번호는 35이므로 인수에 **35**가 들어 있습니다. 이것만으로도 흰색의 양모 블록을 설치할 수 있는데, 다
른 색의 양모 블록을 놓고 싶은 경우에 5번째의 **블록의 정보**를 입력함으로써 16종류의 색을 구분해 사용
할 수 있습니다.

이전 페이지의 프로그램에서는 **0: 흰색**, **1: 주황색**, **2: 밝은 자주색** 3가지 색을 사용하고 있습니다.

번호	색	번호	색
0	흰색	8	밝은 회색
1	주황색	9	밝은 파란색
2	밝은 자주색	10	보라색
3	연한 파란색	11	파란색
4	노란색	12	갈색
5	연두색	13	녹색
6	분홍색	14	빨간색
7	회색	15	검은색

지금까지 생략해 온
5번째의 인수가
'색 지정'이구나. 멍!

 힌트

setBlocks로도 색을 바꿀 수 있어요

마찬가지로 **mc.setBlocks()** 메서드에서 8번째 인수에 **블록의 정보**를 나타내는 번호를 입력하여 블록의 색을 바꿀
수 있습니다.

4 좋아하는 색을 조합해서 타일을 만든다

많은 데이터를 한 번에 처리하는 프로그램을 만들자

tiles_4_1.py라는 파일을 만들고, 다음과 같이 프로그램을 만들어 봅시다.

tiles_4_1.py

```
import mcpi.minecraft as minecraft

mc = minecraft.Minecraft.create()

x, y, z = mc.player.getPos()

colors = [3, 9, 2, 4, 11, 1, 5]

for i in range(7):
    mc.setBlocks(x + i, y – 1, z – 3, x + i, y – 1, z + 3, 35, colors[i])
```

결과는 이 장의 첫 부분에서 소개한 것처럼 알록달록한 양모 타일이 만들어집니다.

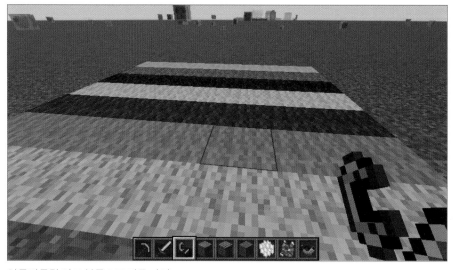

알록달록한 양모 블록으로 만든 타일

프로그램의 설명을 해 나가겠습니다.

먼저 사용하고 싶은 색을 합쳐서 변수에 대입합니다.

```
colors = [3, 9, 2, 4, 11, 1, 5]
```

타일에 사용하고 싶은 색의 번호를 합쳐서 리스트로 만들고, 변수 **colors**에 넣고 있습니다.

다음에 블록을 반복해서 놓아 갑니다.

```
for i in range(7):
    mc.setBlocks(x + i, y - 1, z - 3, x + i, y - 1, z + 3, 35, colors[i])
```

for 문을 사용해서 setBlocks() 메서드를 7회 반복하고 있습니다. 반복할 때마다 바뀌는 것은 **x + i**와 **colors[i]**의 부분입니다. **x + i**로 반복할 때마다 타일의 위치를 옆으로 비켜 놓고 있습니다.

colors[i] 이것은 **colors** 리스트로부터 색의 번호를 빼내고 있습니다. 1회째일 때는 **i**는 0이므로 8번째의 인수는 **colors[0]**이 되며 리스트의 맨 앞에 있는 **3**이 호출됩니다.

이 반복의 부분을 for 문과 리스트를 사용하지 않고 만들면 다음과 같습니다(tiles_4_2.py).

tiles_4_2.py

```
mc.setBlocks(x + 0, y - 1, z - 3, x + 0, y - 1, z + 3, 35, 3)
mc.setBlocks(x + 1, y - 1, z - 3, x + 1, y - 1, z + 3, 35, 9)
mc.setBlocks(x + 2, y - 1, z - 3, x + 2, y - 1, z + 3, 35, 2)
mc.setBlocks(x + 3, y - 1, z - 3, x + 3, y - 1, z + 3, 35, 4)
mc.setBlocks(x + 4, y - 1, z - 3, x + 4, y - 1, z + 3, 35, 11)
mc.setBlocks(x + 5, y - 1, z - 3, x + 5, y - 1, z + 3, 35, 1)
mc.setBlocks(x + 6, y - 1, z - 3, x + 6, y - 1, z + 3, 35, 5)
```

블록의 색을 정하는 8번째 인수는 **0번째가 3(연한 파란색)**, **1번째가 9(진한 파란색)**처럼 리스트에 합쳐진 순서대로 숫자가 바뀌고 있습니다.

리스트와 for 문을 사용함으로써 여러 색의 정보를 합칠 수 있었습니다. 타일의 색을 바꾸고 싶을 때는 **colors** 리스트의 내용물을 바꿀 뿐입니다. 자신이 원하는 색으로 바꿔 봅시다.

5 연습 문제

배운 것을 확인하자

① mcpipy 폴더에 titles2.py라는 파일을 만들고 원하는 색을 8가지 사용해서 양모 블록을 8개, 세로로 쌓아 봅시다.

② mcpipy 폴더에 titles3.py라는 파일을 만들고 8가지 색의 양모 블록을 사용해서 폭 3칸의 계단을 만들어 봅시다.

제 8 장

더욱 복잡한 건물을 만들자

피라미드는 고대 이집트에서 만들어진 거대 건축물입니다.
마인크래프트와 파이썬을 사용해서 도전해 봅시다.

학부모님에게

6장에서 설명한 계단
모양의 배치와 7장에서
설명한 리스트에 의한 색
변경을 조합한 기법입니다.
지금까지의 집대성이라고도 할
수 있는 장입니다.

1 피라미드를 만들자

피라미드를 건축하는 프로그램을 만들자

지금까지 여러분과 함께 다음을 공부해 왔습니다.

- **좌표의 사고방식**
- **변수의 사용법**
- **for 문으로 반복하기**
- **데이터를 합치는 리스트**

이 장에서는 지금까지 학습한 것을 조합해서 더욱 복잡한 커다란 물체를 만들어 나가겠습니다. 조금 복잡한 내용을 포함하고 있는데, 중요한 부분 이외의 자세한 설명은 **참고** 코너에서 따로 정리해 두겠습니다.

일단 **참고** 부분은 넘기고, 자세하게 알고 싶을 때에 다시 읽어 봐도 좋습니다.

이 장은 다음과 같은 피라미드를 만듭니다.

알록달록한 양모 블록으로 피라미드를 만든다.

색과 크기가 다른 양모 블록을 8단으로 겹친 알록달록한 피라미드입니다. 이것을 만들려면 지금까지 사용한 것보다 많은 변수를 사용해야 합니다.

우선은 **pyramid_1_1.py**라는 파일을 만들고 평소와 같이 준비합시다.

pyramid_1_1.py

```
import mcpi.minecraft as minecraft

mc = minecraft.Minecraft.create()
```

이로써 파이썬에서 마인크래프트를 조작할 준비가 되었습니다.

다음에 플레이어의 위치 정보(좌표)를 알아내는데, 조금만 평소와는 다른 방식을 써 봅시다.

pyramid_1_1.py

```
x, y, z = mc.player.getPos()

x += 12
```

플레이어의 x 좌표, y 좌표, z 좌표를 변수 **x**, **y**, **z**에 대입하는 것은 평소와 같으나, 그 다음에 **x += 12**라는 조작을 하고 있습니다.

x += 12는 x에 대입되어 있는 숫자에 12를 더한다는 조작입니다. 예를 들어 **x**에 8이 대입되어 있으면 **x += 12**를 하면 **x**의 값은 20이 됩니다.

 참고

왜 x += 12를 할까?

왜 **x += 12**라는 조작을 하는지는 앞으로 블록을 설치하는 조작을 간단히 하기 위해서입니다. 피라미드는 어떤 좌표를 중심으로 해서 만들고자 하는데, 플레이어의 위치를 그대로 중심으로 하면 플레이어가 블록에 파묻히고 맙니다. 그래서 미리 x좌표를 비켜 놓고 조금 떨어진 곳에 안전하게 피라미드를 만들 수 있습니다.

이집트의 피라미드보다
더 화려하네!

이제부터 피라미드를 1단씩 만들어 나가는데, 여기에서도 for 문을 활용할 수 있습니다. 우선은 큰 흐름을 잡기 위해서 for 문을 사용하지 않고 블록을 3단 겹쳐 봅시다.

pyramid_1_1.py

```
mc.setBlocks(x - 7, y, z - 7, x + 7, y, z + 7, 35, 0)
mc.setBlocks(x - 6, y + 1, z - 6, x + 6, y + 1, z + 6, 35, 0)
mc.setBlocks(x - 5, y + 2, z - 5, x + 5, y + 2, z + 5, 35, 0)
```

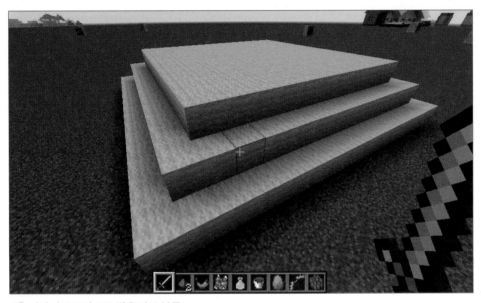

3층 피라미드 모양으로 쌓은 양모 블록

인수가 까다롭지만
포기하지 않는 마음!

맨 위의 행에서 맨 아래의 블록을 쌓고 있습니다. 이렇게 쌓아가면 블록의 규칙성이 보입니다. y 좌표가 1 증가한다, 즉 1칸 높아질 때마다 x 좌표는 시작과 끝이 각각 1칸씩 짧아집니다. z 좌표도, x 좌표도 같습니다.

이것을 for 문으로 만들면 다음과 같습니다(pyramid_1_2.py).

pyramid_1_2.py

```
for i in range(8):
    mc.setBlocks(x - 7 + i, y + i, z - 7 + i, x + 7 - i, y + i, z + 7 - i, 35, 0)
```

변수 **i**의 내용물은 0부터 7까지 증가해 나가므로 예를 들어 **x - 7 + i**라면 **x - 7 + 0**, **x - 7 + 1**, ‥‥‥‥ 즉, **x - 7**, **x - 6**, ‥‥‥‥와 같이 변화해 나갑니다. 그 밖의 인수에 대해서도 같습니다.

for 문을 만드는 것이 어려울 때는 실제로 숫자를 적용시키면서 생각해 보면 좋을 것입니다.

옆에서 본 그림

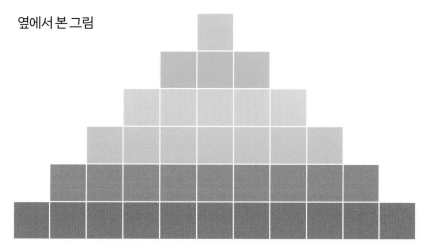

피라미드의 단면도

바꾸고 싶은 부분에 for 문의 변수를 적용하는 거구나.

흰색 양모 블록으로 만든 피라미드

나머지는 각각의 단 색을 정해주면 알록달록한 피라미드가 만들어집니다. 앞 장과 마찬가지로 요소가 8개인 **colors** 리스트를 만들고 for 문 안에서 호출합시다(pyramid_1_3.py).

pyramid_1_3.py

```python
import mcpi.minecraft as minecraft

mc = minecraft.Minecraft.create()

x, y, z = mc.player.getPos()

x += 12

colors = [2, 5, 10, 1, 7, 3, 14, 9]

for i in range(8):
    mc.setBlocks(x - 7 + i, y + i, z - 7 + i, x + 7 - i, y + i, z + 7 - i, 35, colors[i])
```

8색의 양모 블록으로 만든 피라미드

이로써 8색의 피라미드가 완성됩니다.

리스트도 사용해서
배운 게 다
들어갔네!

2

피라미드를 건축하는 프로그램을 만들자

응용편: 피라미드의 크기를 간단히 바꾼다

여기부터는 응용편으로써 지금까지 만든 프로그램을 변형하여, 피라미드의 크기를 간단히 바꿀 수 있도록 하겠습니다. 116쪽의 프로그램(pyramid_1_3.py)에서는 피라미드의 크기를 바꾸려면 다음의 4가지를 해야 합니다.

- colors 리스트에 색의 번호를 더한다(줄인다).
- range(8) 안의 수를 바꾼다.
- mc.setBlocks() 메서드에 인수로 있는 모든 7을 적절한 숫자로 변경한다.
- 피라미드의 중심 좌표를 조정하고 있는 x += 12의 숫자를 바꾼다.

모든 것을 올바르게 바꾸지 않으면 피라미드는 제대로 만들어지지 않습니다.

그러나 변수를 잘 사용하면 간단히 피라미드의 크기를 바꿀 수 있는 프로그램으로 개조할 수 있습니다. 포인트는 **색의 개수(colors** 리스트의 요소 개수)입니다. 먼저 다음과 같이 수정한 프로그램을 살펴봅시다 (pyramid_2_1.py).

pyramid_2_1.py

```python
import mcpi.minecraft as minecraft

mc = minecraft.Minecraft.create()

x, y, z = mc.player.getPos()

colors = [2, 5, 10, 1, 7, 3, 14, 9, 0, 4, 8, 15, 13, 6, 12, 11]

colors_count = len(colors)

w = colors_count - 1

x += colors_count

for i in range(colors_count):
    mc.setBlocks(x - w + i, y + i, z - w + i, x + w - i, y + i, z + w - i, 35, colors[i])
```

블록의 색을 16가지 전부 사용하고 있습니다.

그런데 색의 개수인 **16**이라는 숫자가 프로그램의 어디에도 적혀 있지 않습니다. 지금까지는 색의 개수인 **8**이나 피라미드의 폭인 **7**이라는 숫자를 프로그램에 쓰고 있었습니다.

그 대신 **colors_count = len(colors)**라는 코드에서 **colors** 리스트의 요소 수를 **colors_count**라는 변수에 대입하였습니다.

 힌트

len() : 길이를 알아낸다

len은 **length**(길이)의 줄임말로, ( ) 안의 리스트 요소 수를 세어 주는 명령입니다. 이 밖에도 문자열에 사용하면 그 문자 수를 알 수 있습니다.

힌트

이 영어 단어는 뭘까?

count는 **수**나 **세다**라는 의미를 갖고 있습니다. 이번은 변수에 **colors_count**라는 이름을 붙여서 **색의 개수**라는 의미로 사용하고 있습니다.

이 프로그램에서는 리스트 **colors**의 요소 개수, 즉 색의 개수는 16이므로 **colors_count**의 내용물도 **16**이 됩니다. 색의 개수가 바뀌면 물론 **colors_count**의 숫자도 바뀝니다.

```
w = colors_count - 1

x += colors_count
```

여기에서는 **colors_count**의 숫자를 사용해서 **피라미드의 폭 w**와 **중심의 x 좌표**를 정합니다. 중심으로 부터 어느 정도의 폭이 필요한지, 그리고 만들었을 때 플레이어가 블록에 파묻히지 않도록 중심을 얼마나 벗어나야 하는지를 계산하고 있습니다.

옆에서 본 그림   색이 6개인 경우

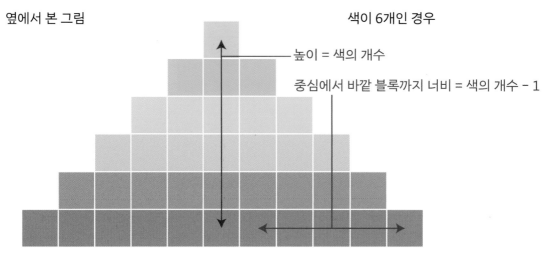

6색의 양모 블록으로 만든 피라미드

이로써 **색의 개수는 16이고, 플레이에서 16칸 떨어진 곳에 폭 15칸의 피라미드를 만든다**가 정해졌습니다. 나머지는 블록을 for 문으로 쌓기만 하면 됩니다. 다시 한번 실제 코드를 봅시다.

pyramid_2_1.py

```python
import mcpi.minecraft as minecraft

mc = minecraft.Minecraft.create()

x, y, z = mc.player.getPos()

colors = [2, 5, 10, 1, 7, 3, 14, 9, 0, 4, 8, 15, 13, 6, 12, 11]

colors_count = len(colors)
```

```
w = colors_count - 1

x += colors_count

for i in range(colors_count):
    mc.setBlocks(x - w + i, y + i, z - w + i, x + w - i, y + i, z + w - i, 35, colors[i])
```

이전 코드와 다른 점은 다음과 같습니다.

- range()의 내용물을 색의 개수 **colors_count**로 바꿔 넣는다.
- 폭의 숫자를 변수 **w**로 바꿔 넣는다.

이로써 16색 피라미드가 완성됩니다.

이 프로그램의 강점은 색의 개수에 따라 바꿔야 할 숫자를 전부 변수로 하고 있는 부분입니다. 이로써 피라미드의 색의 개수와 크기를 바꾸고 싶을 때는 **colors** 리스트의 내용물을 변경하기만 하면 됩니다. 리스트의 요소를 원하는 색으로 바꿔서 확인해 보세요.

len(colors)

colors의 요소 개수 ⋯ 16개

대입(집어넣기)

colors_count

len으로 길이(요소의 개수)를 알아낸다.

len은 괄호 안에 넣은 리스트나 문자열의 길이를 알려준다. 멍!

3 연습 문제

① mcpipy 폴더에 pyramid2.py라는 파일을 만들고, 다음 그림과 같은 8색의 양모 블록을 사용한 타일을 만들어 봅시다.

② 문제 ①의 프로그램을 이 장의 제2절 응용편을 보고, 간단하게 가로와 세로의 폭을 변경할 수 있는 프로그램으로 해 봅시다(파일명은 pyramid3.py로 변경).

제 9 장

도트 그림 만들기 프로그램을 만들자

마지막은 이제까지의 기술을 모은 응용 기법에 도전합니다.
블록을 쌓아 올려 도트 그림을 그려봅시다.

학부모님에게

지금까지보다 프로그램이
더 길어집니다. 실수해도
포기하지 않도록 격려해
주세요.

도트 그림을 그리는 프로그램을 만들자

1 for 문을 잘 사용하자

이 장에서는 다음과 같이 도트 그림을 만드는 방법을 배우겠습니다. 이것은 마인크래프트에 등장하는 적 캐릭터 크리퍼의 머리 부분입니다(색은 간단하게 했습니다).

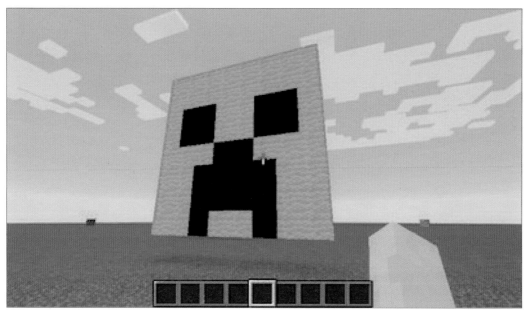

양모 블록으로 만든 크리퍼를 나타낸 도트 그림

이제까지 학습한 for 문을 더욱 잘 사용하게 되면 원하는 도트 그림을 만들 수 있습니다.

조금 복잡한 내용이지만, 할 수 있는 것이 훨씬 넓어지므로 찬찬히 공부해 봅시다.

리스트의 리스트

for 문과는 다른 이야기인데, 리스트를 좀 더 응용하는 방법을 알아 둡시다.

데이터를 번호를 붙여서 통합하기 위한 리스트인데, 그 안에는 문자열이나 숫자뿐만 아니라 다음과 같이 다른 리스트도 넣을 수 있습니다.

```
# 친구의 "이름", "성별", "연령"을 합친 리스트
friends = [["Alex", "male", 14], ["Katie, "female", 15], ["Sam", "male", 13]]
```

힌트

이 영어 단어는 뭘까?

male(메일)은 남자, **female**(피메일)은 여자라는 뜻입니다.

예를 들어, friends[0]과 같이 번호를 지정하면 그 번호의 리스트가 호출됩니다. 이 경우는 ["Alex", "male", 14] 입니다.

또한 리스트의 리스트는 폭이 넓어서 보기 불편하므로 다음과 같이 써서 보기 쉽게 할 수도 있습니다.

```
friends = [
  ["Alex", "male", 14],
  ["Katie", "female", 15],
  ["Sam", "male", 13]
]
```

그림을 그릴 수 있구나.
굉장해!

도트 그림을 그리는 프로그램을 만들자

2 for 문의 중첩

먼저 다음의 코드를 살펴봅시다(dot_2_1.py).

dot_2_1.py

```python
import mcpi.minecraft as minecraft
import time

mc = minecraft.Minecraft.create()

x, y, z = mc.player.getPos()

for i in range(10):
    mc.postToChat(i)
    for j in range(5):
        time.sleep(0.5)
        mc.setBlock(x + j, y + i, z, 35, i)
```

실행하면 10색의 블록이 퐁퐁 하며 만들어집니다. 블록의 개수는 전부 50개에 이릅니다. 동시에 채팅 화면에 0부터 9까지의 숫자가 표시됩니다.

이처럼 for 문 안에 for 문을 사용해 포개 넣는 것처럼 프로그램을 만들 수 있습니다. 이것을 for 문의 **네스트**(중첩)라고 합니다. 이 프로그램이 어떻게 작동하고 있는지 자세히 살펴봅시다.

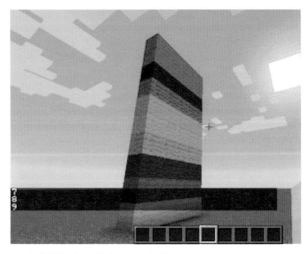

10가지 색을 겹쳐서 만든 양모 블록

① 1번째의 for 문 for i in range(10):

지금까지 공부해 온 for 문입니다. range() 안의 숫자 횟수만큼 for 문의 내용물을 반복합니다.

② 몇 회째의 반복인지를 채팅에 표시 mc.postToChat(i)

반복 횟수를 알기 쉽도록 채팅 창에 변수 i의 내용을 표시합니다. range(10)의 경우는 i에는 처음에 0이 대입되고, 반복이 진행될 때마다 1, 2, ……, 9까지 증가했습니다.

③ 2번째의 for 문 for j in range(5):

for 문 안에 또 for 문을 사용합니다. 이 경우, range(5)이므로 5회 반복되는 것인데, 1번째의 for 문 안이므로 이 자체가 10회 반복됩니다. 복잡해서 알기 어려울 수 있지만, 위의 for 문은 **5회 반복한다**는 것이고, 아래의 for 문은 **10회 반복한다**이므로, **5 x 10 = 50회 반복한다**가 됩니다. 쉽게 다시 말하자면 위의 for 문이 1회 반복 시 아래의 for 문이 10회 반복됩니다.

변수 j에는 반복할 때마다 0, 1, 2, 3, 4가 순서대로 대입됩니다.

④ 0.5초씩 기다린다 time.sleep(0.5)

반복되고 있는 순서를 알기 쉽도록 1회씩 조금 기다렸다가 실행하도록 하고 있습니다.

⑤ 양모 블록을 놓는다 mc.setBlock(x + j, y + i, z, 35, i)

여기에서는 반복 횟수에 따른 위치에 양모 블록을 놓고 있습니다. i가 0부터 9까지 변화해 갈 때마다 j는 0부터 4까지 증가합니다.

프로그램을 실행하면 이 mc.setBlock() 메서드는

- mc.setBlock(x + 0, y + 0, z, 35, 0)
- mc.setBlock(x + 1, y + 0, z, 35, 0)

  …

- mc.setBlock(x + 4, y + 0, z, 35, 0)
- mc.setBlock(x + 0, y + 1, z, 35, 1)
- mc.setBlock(x + 1, y + 1, z, 35, 1)

  …

- mc.setBlock(x + 3, y + 9, z, 35, 9)
- mc.setBlock(x + 4, y + 9, z, 35, 9)

와 같이 바뀝니다.

for 문으로 바뀌는 변수가
2개로 늘었다. 멍!

도트 그림을 그리는 프로그램을 만들자

3 크리퍼를 만들자

지금까지의 내용으로 앞부분의 크리퍼를 만드는 준비가 거의
되었습니다. 나머지는 설계도가 될 크리퍼의 도트 그림이 있
으면 좋을 것 같습니다. 게임상의 실물은 녹색을 중심으로 한
얼룩무늬를 하고 있는데, 이번은 간단하게 하기 위해서 연두
색과 검은색 2개만으로 만듭니다.

크리퍼의 도트 그림

이것을 8 x 8 양모 블록으로 만듭니다. 양모 블록은 번호 35인데, 색을 0~15까지로 고를 수 있었습니다.

번호	색	번호	색	번호	색	번호	색
0	흰색	4	노란색	8	밝은 회색	12	갈색
1	주황색	5	연두색	9	밝은 자주색	13	녹색
2	밝은 파란색	6	분홍색	10	보라색	14	빨간색
3	연한 파란색	7	회색	11	파란색	15	검은색

이번은 5의 연두색과 15의 검은색을 사용해서 1개씩 도트를
블록으로 바꿔 갑니다.

색 번호를 리스트의
리스트에 넣는구나.

색 번호가 붙은 크리퍼의 도트 그림

크리퍼를 8개의 블록 행이 세로로 8개 겹겹이 쌓인 것이라고 생각합시다. 각각의 행에 있는 블록의 색 번호를 리스트로 하면 예를 들어 가장 위의 행은 [5, 5, 5, 5, 5, 5, 5, 5], 가장 아래의 행은 [5, 5, 15, 5, 5, 15, 5, 5]와 같습니다. 이렇게 하면 크리퍼를 각 행의 리스트를 합친 리스트로서 나타낼 수 있을 것 같습니다.

```python
creeper_colors = [
    [5, 5, 5, 5, 5, 5, 5, 5],
    [5, 5, 5, 5, 5, 5, 5, 5],
    [5, 15, 15, 5, 5, 15, 15, 5],
    [5, 15, 15, 5, 5, 15, 15, 5],
    [5, 5, 5, 15, 15, 5, 5, 5],
    [5, 5, 15, 15, 15, 15, 5, 5],
    [5, 5, 15, 15, 15, 15, 5, 5],
    [5, 5, 15, 5, 5, 15, 5, 5]
]
```

그다지 모습은 느껴지지 않지만, 이것이 크리퍼를 만드는 각 블록의 색을 합친 것입니다. 나머지는 이것을 위에서부터 1행씩 양모 블록으로 해 봅니다.

실제 코드는 다음과 같습니다(dot_3_1.py).

dot_3_1.py

```python
import mcpi.minecraft as minecraft

mc = minecraft.Minecraft.create()

x, y, z = mc.player.getPos()
creeper_colors = [
    [5, 5, 5, 5, 5, 5, 5, 5],
    [5, 5, 5, 5, 5, 5, 5, 5],
    [5, 15, 15, 5, 5, 15, 15, 5],
    [5, 15, 15, 5, 5, 15, 15, 5],
    [5, 5, 5, 15, 15, 5, 5, 5],
    [5, 5, 15, 15, 15, 15, 5, 5],
    [5, 5, 15, 15, 15, 15, 5, 5],
    [5, 5, 15, 5, 5, 15, 5, 5]
```

```
]

for i in range(8):
    row = creeper_colors[i]
    for j in range(8):
        mc.setBlock(x + j, y + 8 - i, z, 35, row[j])
```

for 문의 부분이 어렵기 때문에 자세히 살펴보겠습니다.

```
for i in range(8):
    row = creeper_colors[i]
```

creeper_colors 리스트의 요소 수만큼 for 문으로 반복하도록 하고 있습니다. 이번은 8행의 도트 그림이므로 8행분의 색 정보 리스트가 요소로서 들어 있습니다. 그것을 1개씩 꺼내 블록으로 만들고자, 조작은 8회 반복하기 때문에 range(8)로 하고 있습니다.

변수 i에는 0부터 7까지의 숫자가 차례로 들어가므로 반복할 때마다 변수 row의 내용물은 creeper_colors[0]에서 creeper_colors[7]까지 바뀌어 갑니다. creeper_colors[0]은 creeper_colors 리스트의 0번째이므로 [5, 5, 5, 5, 5, 5, 5, 5]입니다. 이렇게 row의 내용물은 변화합니다.

참고

row는 뭘까?

row(로)는 영어로 **행**이라는 의미입니다. 반대로 열은 영어로 **column**(컬럼)이라고 합니다.

다음으로 2번째 for 문입니다.

```
for j in range(8):
    mc.setBlock(x + j, y + 8 - i, z, 35, row[j])
```

이번에는 각 행에 대해서 가로 방향으로 블록을 죽 나열하기 위해서 mc.setBlock() 메서드를 8회 반복합니다.

 setBlock의 인수

mc.setBlock(x + j, y + 8 − i, z, 35, row[j])의 인수가 어렵습니다.

▶ x 좌표: x + j

여기가 2번째의 for 문에 의해 바뀌는 핵심이 됩니다. j의 값이 커지면서 블록을 놓는 장소가 x 방향에 어긋나 갑니다.

▶ y 좌표: y + 8 − i

블록을 놓는 높이, 즉 크리퍼의 위에서 몇 번째 행인지를 정하고 있습니다. 여기는 첫 for 문에서 정하고 있습니다. 위에서부터 쌓아가기 위해서 먼저 8을 더하고 나서 i를 빼는 것으로 반복할 때마다 y + 8, y + 7, ……, y + 1까지 1행씩 내려갑니다.

y + 8의 상태에서 x 좌표가 커지면서 8개 블록을 놓고, 다음에 y + 7이 되고, 마찬가지로 x 좌표가 커지는 흐름으로 8회 x 8회 총 64회 블록을 놓아갑니다.

▶ z 좌표: z

z 좌표는 이번은 z 그대로 고정합니다. 별로 생각할 필요는 없습니다.

▶ 블록 번호: 35

35는 양모 블록이었습니다. 꼭 양모여야 하는 것은 아니지만, 색 종류가 많으므로 이런 경우에는 다루기 쉽습니다.

▶ 블록 종류(색): row[j]

여기에서 블록 색을 정합니다. row는 1번째의 for 문이 반복될 때마다

[5, 5, 5, 5, 5, 5, 5, 5],

[5, 5, 5, 5, 5, 5, 5, 5],

…

[5, 5, 15, 5, 5, 15, 5, 5],

로 바뀌었습니다. 그리고 2번째의 for 문이 반복될 때마다 j 값이 커지기 때문에 row[j]로 꺼내는 요소도 1개씩 어긋나 갑니다. 이것과 동시에 x 좌표도 진행되므로 1개씩 다른 색의 블록을 놓을 수 있습니다(이번은 2색 밖에 없지만……).

for 문의 중첩은 익숙해질 때까지 매우 어려울 거라 생각되는데, 직접 해 보면서 프로그램을 실행하며 익혀 봅시다.

4 응용편: 도트 그림을 내 마음대로 만든다

이번에 만든 프로그램은 8 x 8칸 전용이었는데, 변수를 잘 사용해서 간단히 원하는 크기의 도트 그림을 만들 수 있습니다 (dot_4_1.py).

dot_4_1.py

```python
import mcpi.minecraft as minecraft

mc = minecraft.Minecraft.create()

x, y, z = mc.player.getPos()

colors = [
    [0, 0, 15, 15, 15, 15, 15, 15, 0, 0],
    [0, 15, 4, 4, 4, 4, 4, 4, 15, 0],
    [15, 4, 4, 15, 4, 4, 15, 4, 4, 15],
    [15, 4, 4, 15, 4, 4, 15, 4, 4, 15],
    [15, 4, 4, 4, 4, 4, 4, 4, 4, 15],
    [15, 4, 15, 4, 4, 4, 4, 15, 4, 15],
    [15, 4, 15, 4, 4, 4, 15, 4, 15],
    [15, 4, 4, 15, 15, 15, 15, 4, 4, 15],
    [0, 15, 4, 4, 4, 4, 4, 4, 15, 0],
    [0, 0, 15, 15, 15, 15, 15, 15, 0, 0]
]

height = len(colors)

for i in range(height):
    row = colors[i]
    width = len(row)
    for j in range(width):
        mc.setBlock(x + j, y + height - i, z, 35, row[j])
```

스마일 도트 그림

시험 삼아 10 x 10칸의 도트 그림을 만들어 봤습니다.

len()을 사용해서 colors 리스트, 거기에서 꺼낸 row 리스트 각각의 요소 수를 알아내고 있습니다. 이렇게 함으로써 8 등의 정해진 수를 입력하지 않아도 원하는 크기의 도트 그림을 만들 수 있습니다.

이제 어떤 크기의 도트 그림도 그릴 수 있어!

len은 이전 장에서 배웠지.

나머지는 자유롭게 시도해 봐. 멍!

5 연습 문제

① **mcpipy 폴더**에 **dot2.py**라는 파일을 만들고 양모 블록(번호 35)을 사용해서 사과 도트 그림을 만듭시다. 사용하는 색은 흰색(0), 빨간색(14), 검은색(15) 3색으로, 세로 15칸, 가로 12칸입니다. 도트 그림은 다음과 같습니다.

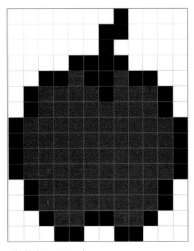

사과의 도트 그림

완성 예는 다음과 같습니다.

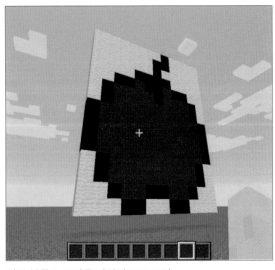

양모 블록으로 만든 사과의 도트 그림

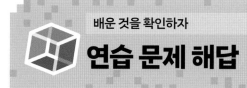

연습 문제 해답

<제1장: 파이썬을 사용해 보자>의 해답

① 프로그램과 프로그래밍

    1. 프로그램이란 컴퓨터로의 몇 가지의 명령을 합친 **예정표**이다.

    2. 프로그래밍이란 프로그램을 만드는 것이다.

② 프로그래밍 언어와 파이썬

    1. 프로그래밍 언어란 컴퓨터에 명령을 전달하기 위한 언어이다.

    2. 예: 많은 블록을 한꺼번에 쌓아 올린다, 계속 움직이는 것을 만든다 등

③ 쉘과 파이썬 파일

    1. 쉘이란 컴퓨터에 문자로 명령할 수 있는 기능이다.

    2. 다음과 같이 작성할 수 있다.

```
print("제 이름은 00입니다.")
# 제 이름은 00입니다. 라고 표시됩니다.
```

④ 마인크래프트에서 파이썬 프로그램을 사용하자.

introduce.py의 내용은 다음과 같다.

예

introduce.py

```
import mcpi.minecraft as minecraft

mc = minecraft.Minecraft.create()

mc.postToChat("I am sera.")
```

※ 자신의 이름을 영어로 적는다.

✦ <제2장: 채팅으로 놀아 보자>의 해답

① 위부터,

- 16   : 숫자
- 'KOREA' : 문자열
- SEOUL   : 아무 것도 아니다
- '1024'   : 문자열
- 01010   : 아무 것도 아니다

------------------------------------- 설명 -------------------------------------

- 16

  그대로 수를 입력하면 숫자 데이터로서 처리됩니다.

- 'KOREA' : 문자열

  ' 나 "로 둘러싸면 문자열 데이터로서 처리됩니다.

- SEOUL: 아무 것도 아니다

  ' 나 "로 둘러싸여 있는 것도 아니고 숫자도 아니므로 아무것도 아닙니다.

- '1024' : 문자열

  '로 둘러싸여 있으므로 1, 0, 2, 4의 문자가 열이 된 문자열 데이터로서 처리됩니다.

- 01010: 아무 것도 아니다

  조금 특수한 예인데, 아무 것도 아닙니다.
  숫자이긴 하지만(파이썬3에서는), 0으로 시작하는 숫자는 허가되지 않습니다.
  실은 0b…, 0x… 등으로 시작하는 특별한 예외 숫자 데이터(2진법, 16진법 등)가 있습니다.
  그래서 파이썬은 0b, 0x 등으로 시작하는 것 외에 0으로 시작하는 몇 가지 숫자 데이터는 오류가 일어납니다.

② 모두 데이터형이 다르므로,

- 1번째 행은 **숫자**와 **숫자**의 덧셈
- 2번째 행은 '20 + 20'이라는 한 덩어리의 문자열
- 3번째 행은 2개의 '20'이라는 문자열을 붙인 문자열

------------------------------ 설명 ------------------------------

먼저 최종적으로 채팅 창에 나온 표시는 다음과 같습니다.

```
mc.postToChat(20 + 20)      # => 40
mc.postToChat('20 + 20')    # => '20 + 20'
mc.postToChat('20' + '20')  # => '2020'
```

> 채팅 창에는 40이라고 표시

> 채팅 창에는 20 + 20이라고 표시

> 채팅 창에는 2020이라고 표시

각각 어떤 데이터로 최종적으로 해석되고 있는 걸까요? 1개씩 살펴봅시다.

```
20 + 20      # => 40
```

파이썬은 이것을 숫자 + 숫자로 해석하므로 숫자의 덧셈이 이뤄진 결과로서 40이라는 숫자 데이터로 postToChat() 메서드에 전달됩니다.

```
'20 + 20'      # => '20 + 20'
```

'로 둘러싸고 있기 때문에 그대로 문자열이 됩니다.

```
'20' + '20'      # => '2020'
```

각각의 20을 '로 둘러싸고 있으므로 파이썬은 이것을 문자열 + 문자열로 해석합니다.
그 결과, 문자열의 덧셈(문자열끼리를 붙이는 조작)이 이뤄져서 새로운 문자열 '2020'이 postToChat() 메서드에 전달됩니다.

③ 정답 예의 프로그램은 다음과 같습니다.

chat2.py

```python
import mcpi.minecraft as minecraft


mc = minecraft.Minecraft.create()
mc.postToChat('1 + 1')
mc.postToChat('is')
mc.postToChat(1 + 1)
```

먼저 2행의 명령을 적습니다.

```
import mcpi.minecraft as minecraft

mc = minecraft.Minecraft.create()
```

이렇게 하면 변수 mc의 안에 마인크래프트와 파이썬이 주고받기 위한 도구 세트가 준비되는데, 전혀 신경 쓰지 말고 사용 시작을 위한 주문이라고 생각하면 됩니다.

1 + 1로 표시한다는 건 이것은 문자열이라는 것입니다.

```
mc.postToChat('1 + 1')
```

다음에 **is**라고 표시하므로 이것도 문자열입니다.

```
mc.postToChat('is')
```

마지막은 **1과 1을 더한 수**이므로 이것은 숫자입니다. 파이썬에게 계산시켜도 좋고 직접 계산해서 2를 직접 적어도 같습니다. 그러므로 다음과 같습니다.

```
# 모두 OK
mc.postToChat(1 + 1)
mc.postToChat(2)
```

정답 예의 프로그램은 다음과 같습니다.

chat3.py

```
import mcpi.minecraft as minecraft

mc = minecraft.Minecraft.create()


x = 256
y = 256
z = x + y


mc.postToChat(z)
```

먼저 2행의 주문을 적습니다.

```
import mcpi.minecraft as minecraft

mc = minecraft.Minecraft.create()
```

변수에 데이터를 대입하려면 변수 = 데이터와 같이 적었습니다. 그러므로 각각의 변수의 만드는 방법은 다음과 같습니다.

```
x = 256
y = 256
z = x + y
```

나머지는 z의 값에 신경 쓰지 말고, 채팅 창에 표시하도록 지시할 뿐입니다. 다음과 같이 적습니다.

```
mc.postToChat(z)
```

<제3장: 블록을 설치해 보자>의 해답

① **'확장자'.점파이**라고 읽는다

② **원점에서 x 방향으로 32만큼 되돌아가고, z 방향으로 108만큼 가고, 10만큼 높은 위치**

――――――――――――――――――――――――――――――――――― 설명 ―――――――――――――――――――――――――――――――――――

-32. 10. 108에 대해서 1개씩 살펴봅시다.

-32는 x 좌표를 가리킵니다. -가 붙어 있으므로 나아간다가 아닌 **되돌아간다**가 됩니다.

10은 y 좌표를 가리키고 있으므로 즉 높이입니다. **10만큼 높은 위치**라는 의미입니다.

108은 z 좌표입니다. 그대로 **108만큼 나아간 위치**입니다.

물론, x, y, z 방향 각각 어느 쪽부터 이동할지, 이동 순서는 바뀌어 있어도 최종적으로는 같은 위치를 가리키므로 정답입니다.

③ 좌표는 **원점으로부터 얼마나 떨어져 있는지**를 나타내고 있습니다. 원점은 당연히 원점에서 x 방향에도, z 방향에도 떨어져 있지 않고, 높이도 바뀌지 않습니다. 그래서 원점의 좌표는 x, y, z 모두 0입니다.

④ 정답 프로그램의 예는 다음과 같습니다.

block2.py

```
import mcpi.minecraft as minecraft

mc = minecraft.Minecraft.create()

x, y, z = mc.player.getPos()

mc.setBlock(x - 2, y, z, 1)
mc.setBlock(x - 1, y + 1, z, 1)
mc.setBlock(x, y + 2, z, 1)
mc.setBlock(x + 2, y + 2, z, 1)
```

블록의 실행 결과

-------------------- 설명 --------------------

먼저 주문을 적습니다.

```
import mcpi.minecraft as minecraft

mc = minecraft.Minecraft.create()
```

블록을 놓고 싶은 위치는 전부 플레이어의 좌표가 기준이 되고 있습니다. 그러므로 우선은 플레이어의 좌표를 알아냅시다.

플레이어의 좌표를 알아내는 메서드(mc.player.getPost())를 사용해서 좌표를 x, y, z에 저장합시다.

물론, 뒤의 코드에서도 변수의 이름이 일관된다면 x, y, z와는 다른 변수명으로 해도 됩니다.

```
x, y, z = mc.player.getPos()
```

그럼 블록을 놓아 가겠습니다. 일단 1번째의 **플레이어의 위치에서 x 방향으로 2만큼 되돌아간 지점**으로 블록을 놓는 것을 생각해 봅시다. 먼저 블록을 놓아야 하는 좌표인데, 지금 알아낸 플레이어의 좌표 x, y, z를 사용하면 이 지점은 **x - 2, y, z**로 표현할 수 있습니다.

다음으로 블록을 놓는 메서드는 다음과 같이 사용했습니다.

```
mc.setBlock(x 좌표, y 좌표, z 좌표, 블록의 종류)
```

각각의 인수 위치에 주의하면서 메서드를 사용합니다. 덧붙여서 돌 블록의 종류를 나타내는 값은 1이었습니다.

```
mc.setBlock(x - 2, y, z, 1)
```

이후의 블록도 좌표에 주의해서 동일하게 생각하면 다음과 같이 됩니다.

```
mc.setBlock(x - 1, y + 1, z, 1)
mc.setBlock(x, y + 2, z, 1)
mc.setBlock(x + 2, y + 2, z, 1)
```

🧊 <제4장: 큰 건물을 만들자>의 해답

① 정답 코드의 예는 다음과 같습니다.

cube.py

```
import mcpi.minecraft as minecraft
import time

mc = minecraft.Minecraft.create()

x, y, z = mc.player.getPos()

mc.setBlocks(x + 5, y, z + 5, x + 7, y + 2, z + 7, 24)
time.sleep(3)
mc.setBlocks(x + 5, y + 3, z + 5, x + 7, y + 5, z + 7, 1)
time.sleep(3)
mc.setBlocks(x + 8, y, z + 5, x + 10, y + 2, z + 7, 46)
```

사암 정육면체, 돌 정육면체, TNT 블록 정육면체가 만들어진다.

조금 코드가 길어졌으므로 지금까지의 설명과는 다르게 전체 코드를 보면서 설명해 나가겠습니다. 새롭게 추가한 행에는 **# 새로운 행**을 붙여서 알기 쉽도록 합니다.

먼저 주문을 적습니다.

```
import mcpi.minecraft as minecraft  # 새로운 행


mc = minecraft.Minecraft.create()   # 새로운 행
```

그럼 차례대로 해 봅시다!

먼저 **플레이어의 위치를 알아내서 변수 x, y, z에 대입한다.** 이것은 이제 익숙해지지 않았나요? 추가하면 다음과 같습니다.

```
import mcpi.minecraft as minecraft


mc = minecraft.Minecraft.create()


x, y, z = mc.player.getPos()            # 새로운 행
```

다음으로 **플레이어의 근처에 한 변의 길이가 3 블록의 사암 정육면체(모든 변이 같은 길이의 상자)를 만든다.**

사암 정육면체를 만드는 것이므로 setBlocks 메서드가 사용되네요. 이 메서드는 지정한 좌표의 사이를 블록으로 채우는 것으로 인수는 다음과 같습니다.

```
setBlocks(시작 위치의 x 좌표, 시작 위치의 y 좌표, 시작 위치의 z 좌표,
          종료 위치의 x 좌표, 종료 위치의 y 좌표, 종료 위치의 z 좌표,
          블록의 종류)
```

여기에서 **플레이어의 근처**를 어떻게 하느냐인데, 이것은 근처면 어디든 됩니다. 그래서 이번은 **같은 높이로, 플레이어 옆으로(즉 x, z 좌표가) 5 떨어져 있는 장소**로 합시다.

이 좌표를 시작 위치로 하고 폭이 3이 되도록 종료 위치를 정하면 다음과 같습니다.

```
x + 5, y, z + 5      # 시작 위치
x + 7, y + 2, z + 7  # 종료 위치
```

또한 사암 블록의 종류에 대응하는 값은 24입니다.

그래서 인수의 순서에 주의하면서 코드를 추가하면 다음과 같습니다.

```
import mcpi.minecraft as minecraft

mc = minecraft.Minecraft.create()

x, y, z = mc.player.getPos()

mc.setBlocks(x + 5, y, z + 5, x + 7, y + 2, z + 7, 24)       # 새로운 행
```

다음으로 **3초 동안 프로그램을 멈춘다**인데, 이것은 파이썬이 time 모듈의 sleep() 메서드에서 제공해 줬습니다.

sleep() 메서드를 사용하기 위해서 모듈을 잊지 않고 임포트하고 나서 메서드를 호출합시다. 3초이므로 sleep(3)입니다.

```
import mcpi.minecraft as minecraft
import time        # 새로운 행

mc = minecraft.Minecraft.create()

x, y, z = mc.player.getPos()

mc.setBlocks(x + 5, y, z + 5, x + 7, y + 2, z + 7, 24)
time.sleep(3)        # 새로운 행
```

2행이 추가되므로 주의하세요.

그럼 다음으로 갑시다. **만든 정육면체 바로 위에 같은 크기의 돌 정육면체를 만든다인데,** 지금 만든 정육면체의 바로 위이므로, 위에 올리고 있는 이미지일까요? 메서드는 이미 확인하였으므로 문제는 좌표네요.

바로 위에 올린다는 것은 시작, 종료 위치와 함께 x좌표, z좌표는 바뀌지 않을 것입니다.

또한 바로 위이므로 y좌표는 3만큼 높아질 것입니다(정육면체의 폭이 3이므로 그 위에 올린 정육면체라면 y좌표가 3씩 높아집니다). 좌표는 이렇게 될 것입니다.

```
x + 5, y + 3, z + 5        # 시작 위치
x + 7, y + 5, z + 7        # 종료 위치
```

조금 전 정육면체의 좌표와 비교해서 y 좌표만 변화시켰습니다.

그래서 돌 블록의 종류는 1인 것에 주의하고, 하는 김에 마지막에 프로그램을 멈추는 행도 추가하면 다음과 같습니다.

```
import mcpi.minecraft as minecraft
import time

mc = minecraft.Minecraft.create()

x, y, z = mc.player.getPos()

mc.setBlocks(x + 5, y, z + 5, x + 7, y + 2, z + 7, 24)
time.sleep(3)
mc.setBlocks(x + 5, y + 3, z + 5, x + 7, y + 5, z + 7, 1)      # 새로운 행
time.sleep(3)                                                   # 새로운 행
```

남은 **처음에 만든 정육면체의 바로 옆에 TNT 블록 정육면체를 만든다**에 대해서도 좌표에 대해서 침착하게 생각하면 될 것입니다. 만약 좌표의 숫자에 이해가 가지 않으면, 추측하고 나서 실제로 마인크래프트로 실행해서 확인해도 좋겠죠?

<제5장: 같은 조작을 반복하자>의 해답

① 정답 코드의 예는 다음과 같습니다.

navi.py

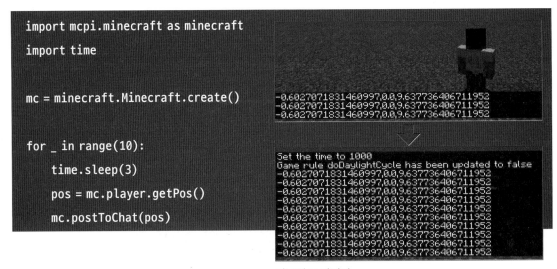

좌표가 표시된다.

먼저 주문을 적습니다. time.sleep() 메서드도 사용할 것 같으므로 time 모듈도 임포트합시다.

```python
import mcpi.minecraft as minecraft
import time


mc = minecraft.Minecraft.create()
```

파이썬에서 반복을 할 때는 for 문을 사용했습니다. 10회 반복하기 위한 구문을 적어 봅시다.

```python
for _ in range(10):
    # 이 안에 코드를 추가한다
```

3초 프로그램을 멈추고 pos 변수 안에 플레이어의 좌표를 대입하는 작업을 함께 적습니다. 들여쓰기를 잊지 마세요!

```python
for _ in range(10):
    time.sleep(3)
    pos = mc.player.getPos()
```

pos 변수를 postToChat() 메서드에 전달해 코드를 완성합니다.

```python
for _ in range(10):
    time.sleep(3)
    pos = mc.player.getPos()
    mc.postToChat(pos)      # 새로운 행
```

② 정답 코드의 예는 다음과 같습니다.

blocksfall.py

```python
import mcpi.minecraft as minecraft
import time


mc = minecraft.Minecraft.create()


x, y, z = mc.player.getPos()
```

블록이 잇달아 떨어진다.

```
for _ in range(100):
    time.sleep(1)
    mc.setBlock(x + 1, y + 100, z, 13)
```

----------------------------------- 설명 -----------------------------------

사용할 것 같은 모듈을 합쳐서 임포트를 합니다.

마인크래프트와 주고받기 위한 mcpi.minecraft, 시간을 멈추기 위한 time 모듈을 임포트합니다.

```
import mcpi.minecraft as minecraft
import time
```

플레이어의 좌표는 됐습니다. 또 **100회 조작을 반복한다**를 위해 for 문도 적어 봅시다.

```
x, y, z = mc.player.getPos()


for _ in range(100):
    # 여기에 코드를 추가한다
```

time.sleep(1)로 1초 동안 프로그램을 멈출 수 있었습니다.

자갈 블록을 설치한다 메서드는 setBlock이었습니다.

이 메서드는 인수에 설치하는 좌표를 필요로 했습니다. 그럼 블록을 설치하는 좌표는 구체적으로 어디가 될까요?

플레이어의 옆(x + 1, y, z)에서 100 블록만큼 높은 장소이므로 y 좌표를 y + 100으로 한 것이 알고 싶은 좌표가 됩니다.

정리하면 다음과 같습니다.

```
for _ in range(100):
    time.sleep(1)                          # 새로운 행
    mc.setBlock(x + 1, y + 100, z, 13)     # 새로운 행
```

13은 자갈 블록을 나타내는 값입니다.

<제6장: 계단을 만들자>의 해답

① 정답 프로그램의 예는 다음과 같습니다.

stairs2.py

```python
import mcpi.minecraft as minecraft

mc = minecraft.Minecraft.create()

x, y, z = mc.player.getPos()

for i in range(10):
    mc.setBlocks(x + i, y + i, z + 1, x + i, y + i, z + 3, 1)
```

------------------------------- 설명 -------------------------------

우선 마인크래프트와 주고받기 위한 mcpi.minecraft 모듈을 임포트하고, 사용할 준비를 갖추겠습니다.

```python
import mcpi.minecraft as minecraft

mc = minecraft.Minecraft.create()
```

그런데 **10단의 계단을 만든다**이므로 이 장에 등장한 계단을 만드는 방법이 사용될 것 같습니다.

일단 플레이어의 좌표를 알아내고 반복을 시행하는 for 문을 만들어 봅시다.

```python
x, y, z = mc.player.getPos()

for i in range(10):
    # 여기에 코드를 추가한다
```

이 반복 조작을 사용해서 지면에서 1단씩 계단을 설치합니다(물론 계단 맨 위에서 지면으로 내려가는 프로그램도 만들 수 있으나, 여기에서는 알기 쉬운 지면에서 위로 올라가는 방법으로 만듭니다). 계단은 폭이 있기 때문에 setBlocks() 메서드를 사용해서 여러 개의 블록을 놓습니다.

우선은 지면에 폭 3의 블록을 놓는 코드를 생각해 봅시다. 다음과 같이 되는 것을 알 수 있나요?

```
mc.setBlocks(x + i, y + i, z + 1, x + i, y + i, z + 3, 1)
```

$(x, y, z + 1)$과 $(x, y, z + 3)$을 정점으로 한 사이를 블록으로 채우므로, 실제로는 3개 나열한 블록의 열이 됩니다.

좌표의 나열에 헷갈리는 분은 마인크래프트를 플레이하면서 손으로 가리키며 생각해 보세요.

다음으로 1단 올라간 단에 같은 폭 3의 블록을 놓는 코드를 생각합시다.

```
mc.setBlocks(x + 1, y + 1, z + 1, x + 1, y + 1, z + 3, 1)
```

이로써 딱 계단 모양에 1개 어긋난 장소에 폭 3의 블록이 놓여집니다. 이것도 헷갈리는 분은 마인크래프트 안에서 실제로 확인해 봅시다.

그럼 1단 더 올라간 장소는 어떨까요?

```
mc.setBlocks(x + 2, y + 2, z + 1, x + 2, y + 2, z + 3, 1)
```

다음 단도

```
mc.setBlocks(x + 3, y + 3, z + 1, x + 3, y + 3, z + 3, 1)
```

또 다음 단

```
mc.setBlocks(x + 4, y + 4, z + 1, x + 4, y + 4, z + 3, 1)
```

……그럭저럭 반복 구조가 보이기 시작했습니다. for 문 안에 넣으면 이렇게 완성입니다.

```
for i in range(10):
    mc.setBlocks(x + i, y + i, z + 1, x + i, y + i, z + 3, 1)
```

반복 1회째에 i에 대입되는 숫자는 0이었으므로 이것으로 모든 단이 만들어집니다!

② 정답 프로그램의 예는 다음과 같습니다.

stairs3.py

```
import mcpi.minecraft as minecraft

mc = minecraft.Minecraft.create()
```

```
x, y, z = mc.player.getPos()

for i in range(10):
    mc.setBlock(x + i, y + i, z + 1, 14)
    mc.setBlock(x + i, y + i, z + 2, 15)
    mc.setBlock(x + i, y + i, z + 3, 16)
```

-------------------------------- 설명 --------------------------------

우선 마인크래프트와 주고받기 위한 mcpi.minecraft 모듈을 임포트하고, 사용할 준비를 갖추겠습니다.

```
import mcpi.minecraft as minecraft

mc = minecraft.Minecraft.create()
```

이것도 문제 ①과 마찬가지로 각 단을 1개씩 생각하고, 나중에 for 문에 넣읍시다. 일단 준비해 둡니다.

```
x, y, z = mc.player.getPos()

for i in range(10):
    # 여기에 코드를 추가해 나간다
```

우선은 지면에 3개의 블록을 나열해 봅시다. 이번은 각각의 블록이므로 이렇게 됩니다.

```
mc.setBlock(x, y, z + 1, 14)
mc.setBlock(x, y, z + 2, 15)
mc.setBlock(x, y, z + 3, 16)
```

물론 블록 종류의 순서는 달라도 됩니다. 이 1단 위에 똑같이 3개의 블록을 나열해 봅시다. 높이와 가로축이(이번은 x 좌표) 1 어긋난 형태가 됩니다.

```
mc.setBlock(x + 1, y + 1, z + 1, 14)
mc.setBlock(x + 1, y + 1, z + 2, 15)
mc.setBlock(x + 1, y + 1, z + 3, 16)
```

이미 규칙성이 보이지 않나요? 또 1단 위를 생각해 봅시다.

```
mc.setBlock(x + 2, y + 2, z + 1, 14)
mc.setBlock(x + 2, y + 2, z + 2, 15)
mc.setBlock(x + 2, y + 2, z + 3, 16)
```

위 내용의 반복 코드는 다음과 같습니다.

```
for i in range(10):
    mc.setBlock(x + i, y + i, z + 1, 14)
    mc.setBlock(x + i, y + i, z + 2, 15)
    mc.setBlock(x + i, y + i, z + 3, 16)
```

🧊 <제7장: 알록달록 타일을 만들자>의 해답

① 정답의 프로그램 예는 다음과 같습니다.

tiles2.py

```
import mcpi.minecraft as minecraft

mc = minecraft.Minecraft.create()

x, y, z = mc.player.getPos()

colors = [10, 2, 5, 8, 14, 0, 4, 11]

for i in range(8):
    mc.setBlock(x, y + i, z + 1, 35, colors[i])
```

---------------------------------- 설명 ----------------------------------

먼저 주문을 적습니다. 마인크래프트와 주고받기 위한 mcpi.minecraft 모듈을 임포트하고, 사용할 준비를 하기 위한 코드입니다. 블록을 보이게 하는 장소, 즉 플레이어의 근처에 쌓고 싶기 때문에 플레이어가 있는 장소도 변수에 넣어 둡시다.

```
import mcpi.minecraft as minecraft

mc = minecraft.Minecraft.create()

x, y, z = mc.player.getPos()
```

원하는 8 종류 색의 양모를 리스트로 준비합시다. 이 장에서 설명한 색과 양모 블록의 대응 테이블을 보면서 정합시다.

```
colors = [10, 2, 5, 8, 14, 0, 4, 11]
```

이번에는 지면에서부터 차례로 [보라색, 밝은 파란색, 연두색, 밝은 회색, 빨간색, 흰색, 노란색, 파란색]으로 했습니다. 다른 색도 괜찮습니다!

그럼 이 정보를 사용해서 양모 블록을 쌓아 올리는 명령을 만들겠습니다. 8회분의 반복 조작을 하므로 for 문입니다. 이제 익숙해졌지요?

```
for i in range(8):
    # 여기에 코드를 추가한다
```

블록을 설치하는 메서드는 setBlock()이었습니다. 반복 안에서 블록을 설치하는 장소가 차례로 높아지므로 이렇게 됩니다.

```
setBlock(x, y + i, z + 1, 양모 블록 ID, 블록 색 ID)
```

setBlock() 메서드의 사용법이 떠오르지 않는 분은 **제3장 블록을 설치해 보자**의 설명을 읽으면서 떠올려 봅시다.

블록을 설치하는 좌표 (x, z)는 플레이의 옆으로 했지만, 물론 원하는 장소로 해도 됩니다. 양모 블록 ID는 35였습니다. 그러므로 for 문 안에 넣으면 이렇게 됩니다.

```
for i in range(8):
    mc.setBlock(x, y + i, z + 1, 35, 블록 색 ID)
```

마지막으로 블록 색인데, 준비해 둔 원하는 색 리스트의 값을 순서대로 넣고 싶어서 이렇게 적습니다.

```
colors[i]
```

이로써 for 문이 i에 순서대로 0, 1, 2, ⋯⋯를 넣어 감으로써 리스트의 요소가 차례대로 들어가게 됩니다. 그래서 이것이 완성한 코드 전체입니다.

```python
import mcpi.minecraft as minecraft

mc = minecraft.Minecraft.create()

x, y, z = mc.player.getPos()

colors = [10, 2, 5, 8, 14, 0, 4, 11]

for i in range(8):
    mc.setBlock(x, y + i, z + 1, 35, colors[i])
```

② 정답의 프로그램 예는 다음과 같습니다.

tiles3.py

```python
import mcpi.minecraft as minecraft

mc = minecraft.Minecraft.create()

x, y, z = mc.player.getPos()

colors = [10, 2, 5, 8, 14, 0, 4, 11]

for i in range(8):
    mc.setBlocks(x + i, y + i, z + 1, x + i, y + i, z + 3, 35, colors[i])
```

-------------------------------- 설명 --------------------------------

우선 주문을 입력합니다. 마인크래프트와 주고받기 위한 mcpi.minecraft 모듈을 임포트하고, 사용할 준비를 갖추겠습니다.

```
import mcpi.minecraft as minecraft

mc = minecraft.Minecraft.create()

x, y, z = mc.player.getPos()
```

양모 블록의 색 리스트인데, 조금 전과 같은 것을 사용합니다. 물론 원하는 색으로 바꿔도 됩니다.

```
colors = [10, 2, 5, 8, 14, 0, 4, 11]
```

그런데 폭이 있는 계단을 만드므로 **제6장 계단을 만들자**의 연습 문제에서 한 방법을 사용할 수 있습니다. 분명 이런 코드였습니다.

```
for i in range(10):
    mc.setBlocks(x + i, y + i, z + 1, x + i, y + i, z + 3, 1)
```

이 코드는 돌 블록의 계단을 10단 만드는 것이었으므로

- 반복을 8단으로 한다.
- 이 메서드의 인수를 양모 블록의 것으로 바꾼다.

를 하면 될 것 같습니다. 반복의 변경은 간단합니다. range()의 내용물을 8로 합니다.

```
for i in range(8):
```

그럼 인수를 정리해 봅시다. 이렇게 될 것입니다.

```
mc.setBlocks(x + i, y + i, z + 1, x + i, y + i, z + 3, 양보 블록 ID, 블록 색 ID)
```

원본 코드에서는 블록 색 ID는 사용하지 않으므로 생략되었습니다.

여기에 양모 블록을 나타내는 숫자 35와 반복할 때마다 설치하고 싶은 색 colors[i]를 넣어도 됩니다.

그래서 이것이 완성된 코드 전체입니다.

```
import mcpi.minecraft as minecraft

mc = minecraft.Minecraft.create()

x, y, z = mc.player.getPos()
```

```
colors = [10, 2, 5, 8, 14, 0, 4, 11]

for i in range(8):
    mc.setBlocks(x + i, y + i, z + 1, x + i, y + i, z + 3, 35, colors[i])
```

🎲 <제8장: 더욱 복잡한 건물을 만들자>의 해답

① 정답의 프로그램 예는 다음과 같습니다(colors 리스트의 내용은 자유).

pyramid2.py

```
import mcpi.minecraft as minecraft

mc = minecraft.Minecraft.create()

x, y, z = mc.player.getPos()

colors = [1, 2, 3, 4, 5, 6, 7, 8]

for i in range(8):
    mc.setBlocks(x - 7 + i, y - 1, z - 7 + i, x + 7 - i, y - 1, z + 7 - i, 35, colors[i])
```

-------------------------------- 설명 --------------------------------

일단, 마인크래프트와 주고받기 위한 mcpi.minecraft 모듈을 임포트하고 사용하기 위한 준비를 합니다.
하는 김에 플레이어 좌표와 원하는 색 리스트도 준비해 둡시다.

```
import mcpi.minecraft as minecraft

mc = minecraft.Minecraft.create()

x, y, z = mc.player.getPos()

colors = [1, 2, 3, 4, 5, 6, 7, 8]
```

그런데 만들고 싶은 타일이 마침 이 장에서 만든 피라미드를 위에서 짓누른 형태를 하고 있습니다.

피라미드를 만들기 시작했을 때 흐름을 잡기 위해서 몇 단인가 for 문을 사용하지 않고 블록을 겹쳤던 것을 기억이 나나요?

```
mc.setBlocks(x - 7, y, z - 7, x + 7, y, z + 7, 35, 0)
mc.setBlocks(x - 6, y + 1, z - 7, x + 6, y + 1, z + 6, 35, 0)
mc.setBlocks(x - 5, y + 2, z - 7, x + 5, y + 2, z + 5, 35, 0)
```

이것을 색을 바꿔서 설치해 가도록 하는 것은 간단합니다.

```
mc.setBlocks(x - 7, y, z - 7, x + 7, y, z + 7, 35, colors[i])
```

그런데 타일은 발 밑에 박혀 있습니다. 그래서 높이는 플레이의 발 밑, 즉 y 좌표가 (y - 1)이 될 것입니다.

```
mc.setBlocks(x - 7, y - 1, z - 7, x + 7, y - 1, z + 7, 35, colors[i])
```

이걸로 발 밑에 커다란 정육면체의 양모 타일이 만들어집니다.

그럼 1단 위에 쌓아야 했던 한결 작은 단도 발 밑의 높이로 박는 것을 고려합니다.

```
mc.setBlocks(x - 6, y - 1, z - 6, x + 6, y + 2, z + 6, 35, colors[i])
```

이러면 처음에 만든 큰 정육면체의 안에 한결 작은 정육면체의 타일이 박히는 코드가 됩니다.

점점 보이네요. 3단 나열해 만들어 봅시다.

```
mc.setBlocks(x - 7, y - 1, z - 7, x + 7, y - 1, z + 7, 35, colors[i])
mc.setBlocks(x - 6, y - 1, z - 7, x + 6, y - 1, z + 6, 35, colors[i])
mc.setBlocks(x - 5, y - 1, z - 7, x + 5, y - 1, z + 5, 35, colors[i])
```

각각의 안쪽에 한결 작은 정육면체 타일을 차례로 만들어 보는 것을 알 수 있습니다. 이렇게 해 보면 높이 외에 피라미드의 코드와 같습니다.

그래서 이것이 완성된 코드가 전체가 됩니다.

```
import mcpi.minecraft as minecraft


mc = minecraft.Minecraft.create()


x, y, z = mc.player.getPos()
```

```
colors = [1, 2, 3, 4, 5, 6, 7, 8]

for i in range(8):
    mc.setBlocks(x - 7 + i, y - 1, z - 7 + i, x + 7 - i, y - 1, z + 7 - i, 35, colors[i])
```

② 정답의 프로그램 예는 다음과 같습니다.

```
import mcpi.minecraft as minecraft

mc = minecraft.Minecraft.create()

x, y, z = mc.player.getPos()

colors = [1, 2, 3, 4, 5, 6, 7, 8, 9, 10, 11, 12]

colors_count = len(colors)

w = colors_count - 1

for i in range(colors_count):
    mc.setBlocks(x - w + i, y - 1, z - w + i, x + w - i, y - 1, z + w - i, 35, colors[i])
```

------------------------------- 설명 -------------------------------

문제 ①의 코드에서 **colors의 높이가 바뀌어도 다른 것을 변경하지 않고 동작하는 코드로 한다**입니다.

문제 ①의 설명에서 눈치 챈 것처럼 타일을 까는 코드는 높이(설치하는 블록의 y 좌표) 외에 전부 피라미드 코드와 같습니다.

그러므로 이 장과 똑같이 colors의 높이가 바뀌어도 동작하는 피라미드 코드의 높이를 바꾸면 됩니다.

피라미드 코드는 다음과 같았습니다.

```
colors_count = len(colors)

w = colors_count - 1
```

```
for i in range(colors_count):
    mc.setBlocks(x - w + i, y + i, z - w + i, x + w - i, y + i, z + w - i, 35, colors[i])
```

문제 ①과 똑같이 setBlocks() 메서드 내의 y 좌표의 인수를 발 밑의 높이로 하면 될 것입니다.

그래서 코드 전체는 다음과 같습니다.

pyramid3.py

```
import mcpi.minecraft as minecraft

mc = minecraft.Minecraft.create()

x, y, z = mc.player.getPos()

colors = [1, 2, 3, 4, 5, 6, 7, 8, 9, 10, 11, 12]        # 자유롭게 바꿔도 됩니다

colors_count = len(colors)

w = colors_count - 1

for i in range(colors_count):
    mc.setBlocks(x - w + i, y - 1, z - w + i, x + w - i, y - 1, z + w - i, 35, colors[i])
```

중심 좌표를 잘 조절하고, 그 수만큼 같은 조작을 반복하면 다음과 같은 것을 간단히 만들어 줍니다.

큰 피라미드

x 좌표뿐만 아니라 z 좌표도 미뤄야 할 것 같습니다. 생각해서 궁리해 봅시다.

<제9장: 도트 그림 만들기 프로그램을 만들자>의 해답

① 정답의 프로그램은 다음과 같습니다.

```python
import mcpi.minecraft as minecraft

mc = minecraft.Minecraft.create()

x, y, z = mc.player.getPos()

rows = [
    [0, 0, 0, 0, 0, 0, 0, 15, 0, 0, 0, 0],
    [0, 0, 0, 0, 0, 0, 15, 15, 0, 0, 0, 0],
    [0, 0, 0, 0, 0, 0, 15, 0, 0, 0, 0, 0],
    [0, 0, 0, 0, 15, 15, 15, 15, 0, 0, 0, 0],
    [0, 0, 15, 15, 14, 15, 15, 14, 15, 15, 0, 0],
    [0, 15, 14, 14, 14, 14, 15, 14, 14, 14, 15, 0],
    [0, 15, 14, 14, 14, 14, 14, 14, 14, 14, 15, 0],
    [15, 14, 14, 14, 14, 14, 14, 14, 14, 14, 14, 15],
    [15, 14, 14, 14, 14, 14, 14, 14, 14, 14, 14, 15],
    [15, 14, 14, 14, 14, 14, 14, 14, 14, 14, 14, 15],
    [15, 14, 14, 14, 14, 14, 14, 14, 14, 14, 14, 15],
    [0, 15, 14, 14, 14, 14, 14, 14, 14, 14, 15, 0],
    [0, 15, 14, 14, 14, 14, 14, 14, 14, 15, 0],
    [0, 0, 15, 14, 14, 15, 15, 14, 14, 15, 0, 0],
    [0, 0, 0, 15, 15, 0, 0, 15, 15, 0, 0, 0]
]
for i in range(15):
    row = rows[i]
    for j in range(12):
        mc.setBlock(x + j, y + 15 - i, z, 35, row[j])
```

또한 변수를 잘 사용하면 다음과 같이도 만들 수 있습니다.

dot3.py

```python
import mcpi.minecraft as minecraft

mc = minecraft.Minecraft.create()

x, y, z = mc.player.getPos()

rows = [
    [0, 0, 0, 0, 0, 0, 0, 15, 0, 0, 0, 0],
    [0, 0, 0, 0, 0, 0, 15, 15, 0, 0, 0, 0],
    [0, 0, 0, 0, 0, 0, 15, 0, 0, 0, 0, 0],
    [0, 0, 0, 0, 15, 15, 15, 15, 0, 0, 0, 0],
    [0, 0, 15, 15, 14, 15, 15, 14, 15, 15, 0, 0],
    [0, 15, 14, 14, 14, 14, 15, 14, 14, 14, 15, 0],
    [0, 15, 14, 14, 14, 14, 14, 14, 14, 14, 15, 0],
    [15, 14, 14, 14, 14, 14, 14, 14, 14, 14, 14, 15],
    [15, 14, 14, 14, 14, 14, 14, 14, 14, 14, 14, 15],
    [15, 14, 14, 14, 14, 14, 14, 14, 14, 14, 14, 15],
    [15, 14, 14, 14, 14, 14, 14, 14, 14, 14, 14, 15],
    [0, 15, 14, 14, 14, 14, 14, 14, 14, 14, 15, 0],
    [0, 15, 14, 14, 14, 14, 14, 14, 14, 14, 15, 0],
    [0, 0, 15, 14, 14, 15, 15, 14, 14, 15, 0, 0],
    [0, 0, 0, 15, 15, 0, 0, 15, 15, 0, 0, 0]
]


height = len(rows)


for i in range(height):
    row = rows[i]
    width = len(row)
    for j in range(width):
        mc.setBlock(x + j, y + height - i, z, 35, row[j])
```

마인크래프트로 배우는 파이썬 입문

초판 1쇄 인쇄 2023년 11월 20일
초판 1쇄 발행 2023년 11월 25일

저자 : 주식회사 Nuco 카지마 유헤이
번역 : 김은철

펴낸이 : 이동섭
편집 : 송정환, 강민철
본문 디자인 : 강민철
표지 디자인 : 김연정
본문 캐릭터 디자인: 이나바 타카히로(稲葉 貴洋)
영업 · 마케팅 : 송정환, 조정훈, 김려홍
e-BOOK : 홍인표, 최정수, 서찬웅, 김은혜, 정희철
관리 : 이윤미

㈜에이케이커뮤니케이션즈
등록 1996년 7월 9일(제302-1996-00026호)
주소 : 04002 서울 마포구 동교로 17안길 28, 2층
TEL : 02-702-7963~5 FAX : 02-702-7988
http://www.amusementkorea.co.kr

ISBN 979-11-274-6865-1 13000

マインクラフトでわくわく学ぶ！Pythonプログラミング入門
(Minecraft de wakuwaku manabu! Python Programming Nyumon:7559-1)
© 2023 Nuco Inc.
Original Japanese edition published by SHOEISHA Co.,Ltd.
Korean translation rights arranged with SHOEISHA Co.,Ltd. through Digital Catapult inc.
Korean translation copyright © 2023 by A.K Communications Inc.